《心經》的療癒藝術
色與空的極致視覺體驗

葆拉・荒井 著　雷叔雲 譯
PAULA ARAI

PAINTING ENLIGHTENMENT
HEALING VISIONS OF THE HEART SUTRA

本書讚譽

岩崎常夫以《心經》細密字的精妙筆線，繪出生活和宇宙的精美畫作，
表現出科學發現與佛教亙古智慧之間活躍互動的無限潛力。

　　──棚橋一晃（Kazuaki tanahashi）
　　　　《心經：大乘佛教經典的綜覽》（*A Comprehensive Guide to the Classic of
　　　　Mahayana Buddhism*）作者

岩崎傑出的書法作品，以傳統和現代繪畫爲背景，是獻給當代禪修者、
佛教徒、藝術家和科學家的珍貴禮物。葆拉・荒井精通日本語言、文化
和宗教，岩崎一家人又對她十分信任，加上她自己的佛教修行，是最有
資格將這些畫作帶給更多觀眾的人。由於普世對《心經》及其書法的愛
好，本書注定會成爲永恆的珍寶，因其啓迪人心和全然的美，人們勢必
將一再地回顧。

　　──茱迪思・席莫─布朗（Judith Simmer-Brown）
　　　　《空行母的溫暖之息：藏傳佛教中的女性之道》（*Dakini's Warm Breath: The
　　　　Feminine Principle in Tibetan Buddhism*）作者

日本書道家兼畫家岩崎常夫向我們揭示了充滿佛陀正覺經驗的奇妙宇宙。
他用知名的大乘佛教經典《心經》的文字，描繪宏觀的大爆炸場景、微觀
的 DNA 分子結構中的雙螺旋結構，以及尋常風景和自然風光。葆拉・荒井
這本傑出的著作，展示了岩崎藝術創作的視覺圖像，提供讓人愉悅的文字
和極富洞察力的指南，於是我們得以驚嘆地一瞥這緊密相依相存的宇宙。

　　──魯本・哈比多（Ruben L. F. Habito）
　　　　瑪麗亞觀音禪中心老師、《療癒之息：給受傷世界中基督徒和佛教徒的禪》
　　　　（*Healing Breath: Zen for Christians and Buddhists in a Wounded World*）作者

我們有幸看到岩崎常夫令人動容的繪畫，其中呈現了《心經》的智慧和
慈悲。每幅畫都深刻而療癒地以圖像向觀畫者展現教義。葆拉・荒井博
士誠摯地奉獻於這位藝術家，努力向世人分享他的願景和作品，使其成
爲世上的一股正向力量。

　　──琳達・露絲・卡茨（Linda Ruth Cutts）
　　　　舊金山禪中心資深佛法老師

謹獻給岩崎老師、謙治、陳凱（音譯）

和一切尋求療癒的人

目次

圖列 8

前言 14

致謝辭 16

《心經》經文 20

【譯序】以視覺藝術旁注《心經》 24

【第一部】岩崎常夫：科學家和療癒的願景 | 29

　　轉化的旅程 31

　　追尋《心經》的智慧 42

　　蓮露墨水和敬虔的筆觸 46

　　敞開慈悲的心 55

【第二部】看見慈悲的智慧 | 61

　　互即互入 63

　　流動 73

　　涵育 85

　　寬恕 99

　　供養 119

　　覺醒 133

　　嬉戲 151

　　繁盛 161

【第三部】療癒的藝術，療癒的心 | 175

　　視覺經典 177

　　解脫智慧 182

　　我們這個時代的菩薩 186

【附錄】路易斯安那州立大學藝術博物館展出 195

圖列

2-3: 〈望月〉局部（圖片來源：荒川健一）

5: 〈瀑布〉（76 x 14 cm，圖片來源：荒川健一）

6: 〈竹〉局部（圖片來源：荒川健一）

13: 〈蠶 II〉（83 x 21 cm，圖片來源：荒川健一）

18: 〈雨落〉（圖片來源：荒川健一）

19: 「騎龍觀音」是大慈大悲觀世音菩薩的眾多形象之一，其稱呼包括 Avalokiteshvara（梵語）、Chenrezig（藏語）和觀音（漢語）。

（〈騎龍觀音〉局部，圖片來源：荒川健一）

21: 木篋中岩崎落款鈐印的《心經》卷軸（圖片來源：荒川健一）

22-23: 一字一佛心經（50 x 36 cm，圖片來源：荒川健一）

28: 〈星系〉局部（圖片來源：荒川健一）

30: 〈錫杖〉（80 x 22 cm，圖片來源：荒川健一）

32: 〈雷電〉局部（圖片來源：凱文・達菲）

33: 〈秋華〉（105 x 17 cm，圖片來源：荒川健一）

34: 岩崎在家中甫完成〈光耀的珍珠〉的金銀色版本

36: 岩崎在一九五四年六月十七日的報紙報導，因為他的蠶之研究贏得國家獎助金。

36: 岩崎於二〇〇二年一月二十五日在一座寺院中發表有關〈進化的壇城〉。（圖片來源：荒川健一）

37: 〈蠶〉（83 x 17 cm，圖片來源：荒川健一）

38: 〈幼佛的供養〉（104 x 17 cm，圖片來源：荒川健一）

39: 〈佛髮〉（83 x 26 cm，圖片來源：荒川健一）

41: 岩崎常夫（一九一七至二〇〇二，圖片來源：荒川健一）

43: 〈茶花〉（105 x 19 cm，圖片來源：荒川健一）

44: 〈蓮露〉局部（圖片來源：凱文・達菲）

45: 岩崎向作者解說放大鏡，時爲二〇〇〇年八月。（圖片來源：葆拉・荒井）

47: 般若心經寫經用紙。岩崎寫。（圖片來源：凱文・達菲）

48: 岩崎用日本墨水寫心經（圖片來源：荒川健一）

49: 細密字的模板（圖片來源：荒川健一）

50: 放大鏡架（圖片來源：荒川健一）

51: 〈露珠：佛陀的淚〉局部（圖片來源：荒川健一）

52: 岩崎用自製的模板和放大鏡架來作畫（圖片來源：荒川健一）

52: 用純金墨水作畫的材料：瓷墨碟、24k 金粉、硯台、兩瓶液體、鑷子（圖片來源：荒川健一）

54: 落款與鈐印：萬里淨書（圖片來源：凱文・達菲）

55: 〈滿月照佛塔〉（121 x 51.5 cm，圖片來源：凱文・達菲）

56: 〈煥發的珍珠〉金銀色版，局部（圖片來源：荒川健一）

57: 〈候鳥〉（115 x 70 cm，圖片來源：荒川健一）

58: 〈蛙與柳〉局部（76 x 17 cm，圖片來源：荒川健一）

60: 〈月與蒲葦〉局部（圖片來源：荒川健一）

62: 〈DNA〉局部（圖片來源：凱文・達菲）

65: 〈DNA〉（30 x 27 cm，圖片來源：凱文・達菲）

66: 〈進化的壇城〉（180 x 180 cm，圖片來源：凱文・達菲）

68: 兩棲動物、恐龍、銀杏、靈長類、櫻花、太陽系（〈進化的壇城〉局部，圖片來源：凱文・達菲）

68: 複雜原子、小行星、雷電、分子（〈進化的壇城〉局部，圖片來源：凱文・達菲）

68: 複雜分子、阿米巴、草履蟲、海藻、軟體動物、海星（〈進化的壇城〉局部，圖片來源：凱文・達菲）

69: 紅巨星星雲、氫、氦（〈進化的壇城〉局部，圖片來源：凱文・達菲）

70: 〈新壇城〉（80 x 70 cm，圖片來源：荒川健一）

70: 色即是空，空即是色（〈進化的壇城〉局部，圖片來源：凱文・達菲）

71: 〈進化的壇城〉局部（圖片來源：凱文・達菲）

72: 〈那智瀑布〉（96 x 28 cm，一九九〇，圖片來源：荒川健一）

74: 〈露珠：佛陀的淚〉（100 x 17 cm，圖片來源：荒川健一）

76: 〈雨落〉（41 x 31 cm，圖片來源：荒川健一）

78: 〈竹〉（100 x 28 cm，圖片來源：荒川健一）

80: 〈雷電〉（84 x 61 cm，圖片來源：凱文・達菲）

82:〈雷電〉局部（圖片來源：凱文·達菲）

83:〈雷電〉局部（圖片來源：凱文·達菲）

84:〈慈悲的漣漪〉（40 x 26 cm，一九九三，圖片來源：荒川健一）

86:〈慈悲之母〉（115 x 20 cm，圖片來源：凱文·達菲）

88:〈米粒〉（41 x 32 cm，圖片來源：荒川健一）

91:〈米粒〉局部（圖片來源：荒川健一）

92:〈幼佛〉（115 x 20 cm，圖片來源：凱文·達菲）

94:〈佛塔的朝聖之旅〉（220 x 140 cm，圖片來源：凱文·達菲）

96–97:〈佛塔的朝聖之旅〉局部（圖片來源：凱文·達菲）

98:〈水子〉（120 x 35 cm，一九九七，圖片來源：荒川健一）

101:〈水子〉局部（圖片來源：荒川健一）

102:〈輪迴〉（24 x 24 cm，一九九四，圖片來源：凱文·達菲）

104:〈寬恕的彩虹〉（120 x 35 cm，圖片來源：凱文·達菲）

105:〈寬恕的彩虹〉局部（圖片來源：凱文·達菲）

106:〈爬出地獄〉（120 x 18 cm，圖片來源：凱文·達菲）

109:〈爬出地獄〉局部（圖片來源：凱文·達菲）

110:〈原子〉（27 x 24 cm，圖片來源：荒川健一）

112–113:〈原子〉局部（圖片來源：荒川健一）

114:〈蝕〉（140 x 74 cm，一九九五年七月二十五日繪，圖片來源：荒川健一）

117:〈蝕〉局部（圖片來源：荒川健一）

118:〈燭光〉（27 x 25 cm，一九九二，圖片來源：凱文·達菲）

120:〈療癒的香〉（94 x 16 cm，一九九三，圖片來源：凱文·達菲）

122:〈引磬〉（39 x 37 cm，圖片來源：荒川健一）

124:〈光耀的珍珠〉（144 x 45 cm，圖片來源：荒川健一）

126:〈星空〉（44 x 43 cm，圖片來源：荒川健一）

128:〈化野念佛寺：石佛墓地〉（75 x 60 cm，圖片來源：凱文·達菲）

130: 化野念佛寺（圖片來源：陳凱〔音譯〕）

131:〈化野念佛寺〉局部（圖片來源：凱文·達菲）

132:〈菩提達摩〉（53 x 45 cm，圖片來源：凱文·達菲）

134:〈螞蟻還有佛性也無？〉（50 x 37 cm，圖片來源：凱文·達菲）

136–137:〈螞蟻還有佛性也無？〉局部（圖片來源：凱文·達菲）

138:〈月光〉（105 x 17 cm，一九八七，圖片來源：凱文·達菲）

140: 〈貓眼：佛鏡〉（75 x 66 cm，一九九五年二月十四日，圖片來源：凱文‧達菲）

142-143: 〈貓眼：佛鏡〉局部（圖片來源：凱文‧達菲）

144: 〈智慧之劍〉（88 x 16 cm，圖片來源：凱文‧達菲）

146: 〈花開見佛〉（96 x 21 cm，圖片來源：凱文‧達菲）

148: 〈望月〉（100 x 60 cm，圖片來源：荒川健一）

150: 〈泡泡〉（37 x 25 cm，圖片來源：荒川健一）

152: 〈煙花〉（40 x 31 cm，圖片來源：凱文‧達菲）

154: 〈塗鴉〉（41 x 32 cm，圖片來源：凱文‧達菲）

156: 〈迴旋的空〉（27 x 22 cm，圖片來源：荒川健一）

158–159: 〈迴旋的空〉局部（圖片來源：荒川健一）

160: 〈大爆炸：E = mc²〉（500 x 180 cm，二〇〇〇年三月，圖片來源：凱文‧達菲）

162: 我們的宇宙誕生時的球狀星群（〈大爆炸：E = mc²〉局部，圖片來源：凱文‧達菲）

162: 仙女座星系（〈大爆炸：E = mc²〉局部，圖片來源：凱文‧達菲）

162: 深太空中的五星系（〈大爆炸：E = mc²〉局部，圖片來源：凱文‧達菲）

163: 阿彌陀佛（〈大爆炸：E = mc²〉局部，圖片來源：凱文‧達菲）

164: 北美洲星雲有六個星蛋（〈大爆炸：E = mc²〉局部，圖片來源：凱文‧達菲）

164: 龍和「創造之柱」北美洲鷹狀星雲有八個星蛋（〈大爆炸：E = mc²〉局部，圖片來源：凱文‧達菲）

165: 黑洞（〈大爆炸：E = mc²〉局部，圖片來源：凱文‧達菲）

166: 黑洞中央的八頭龍（〈大爆炸：E = mc²〉局部，圖片來源：凱文‧達菲）

167: 地球上的朝聖（〈大爆炸：E = mc²〉局部，圖片來源：凱文‧達菲）

168–169: 〈大爆炸：E = mc²〉局部（圖片來源：凱文‧達菲）

170: 〈花逝（一）〉（175 x 75 cm，圖片來源：葆拉‧荒井）

171: 〈花逝〉草圖（175 x 75 cm，圖片來源：葆拉‧荒井）

172: 〈花逝（二）〉局部，未完成的櫻花上有南無阿彌陀佛（圖片來源：葆拉‧荒井）

173: 〈花逝（二）〉（大約 175 x 75 cm，圖片來源：葆拉‧荒井）

174: 〈五層佛塔與夜空〉局部（圖片來源：荒川健一）

176: 〈達摩〉（100 x 20 cm，圖片來源：荒川健一）

178: 〈月與蒲葦〉（100 x 29 cm，圖片來源：荒川健一）

179: 〈牽牛花〉（86 x 25 cm，圖片來源：荒川健一）

181: 維梅爾〈戴珍珠耳環的少女〉（44.5 x 39 cm）

181: 康丁斯基〈構成第七號〉（200 x 300 cm）

182–183: 〈富士山的雪峰〉（120 x 61 cm，圖片來源：荒川健一）

184: 攀登《心經》者〈富士山的雪峰〉局部（圖片來源：荒川健一）

185: 〈圓月〉（13 x 12 cm，圖片來源：荒川健一）

186: 岩崎寄給作者的〈大爆炸：$E = mc^2$〉草圖，這是延續名古屋茶店開始的對話，他花了兩年才完成這幅畫。

187: 〈錦鯉逆流而上瀑布〉局部（51 x 17 cm，圖片來源：荒川健一）

188: 〈落楓〉（100 x 17 cm，圖片來源：荒川健一）

189: 〈星系〉（82 x 73 cm，圖片來源：荒川健一）

190: 〈露珠：佛陀的淚〉局部（圖片來源：荒川健一）

191: 〈蜉蝣〉局部（圖片來源：荒川健一）

192: 岩崎在日本半田市的畫展上解說〈大爆炸〉的局部。（圖片來源：荒川健一）

193: 〈月光〉（41 x 32 cm，圖片來源：荒川健一）

194: 〈日出〉（73 x 42 cm，圖片來源：荒川健一）

196–197: 「《心經》的療癒藝術：由藝術和科學體驗智慧與慈悲」於路易斯安那州立大學藝術博物館，二○一六年九月（圖片來源：葆拉·荒井）

198: 〈竹與蘭〉（79 x 17 cm，圖片來源：荒川健一）

199: 〈合掌童子〉局部（54 x 12 cm，圖片來源：荒川健一）

前言

　　《《心經》的療癒藝術》中展現的莊嚴藝術，引領我們進入畫作完美平衡、睿智了知和慈悲情懷的世界，與自然之美的各個層面相互共鳴。其中充滿慷慨、無私、創意和轉化——我們只要一打開這本豐盛之書，立即感到無比幸運。

　　這些作品是岩崎常夫獻給我們的神奇禮物，因為他有科學才智、能安忍痛苦，又對生命有堅定的熱愛——他向恐怖和悲劇、也對美麗和驚奇敞開心門。他在《般若波羅蜜多心經》中遇見慈悲的觀自在菩薩，在日本一般稱為觀音。他們在「空」中享受涅槃的交流，「空」不是黑暗虛無，而是慈悲的子宮，以解脫的生命力滋養眾生。

　　岩崎安住在《心經》世界的救贖家園，這世界含括在佛陀的三摩地中，稱作「照見五蘊皆空」。岩崎見證了這千載難逢的時刻：觀自在菩薩與所有眾生一同在身心上體驗到般若波羅蜜。菩薩和藝術家都尊此經為佛母，圓滿智慧的菩薩與眾生分享解脫科學。當觀音在經中開示自身的解脫密碼，岩崎便在每一個宏觀和微觀事物中，畫入精妙的正覺解脫，供養眾生。他在每幅畫中注入經文的漢字形體和日文的莊嚴音聲，巧妙地展示了葉尖、眾生、黑洞、宇宙大爆炸及一切介於它們之間的事物，念誦著融合科學和心靈的能量所產生的解脫教法、愛和美。

　　幸運的葆拉・荒井博士，見到岩崎的高度虔誠和覺醒的藝術性，深受感動，也在這仁慈的佛土找到了心靈家園。她熱切地與我們這些翻開本書的幸運者，分享這皈依之所。她善巧策展作品，以一種嶄新而美麗的方式，表達了清澈的現實主義八聖道。務實的世界觀是〈互即互入〉，生命的目的即是在其中〈流動〉，言語在於〈涵育〉覺察力，進化動力在於〈寬恕〉自己和他人，生活即〈供養〉自己的藝能，創意即是淨化佛土的〈覺醒〉，正念覺知即是與一切〈嬉戲〉， 分享究竟解脫的喜悅時，一境性的三摩地正在〈繁盛〉滋長！

我禮敬佛、觀音、佛菩薩之母般若波羅蜜、岩崎常夫、葆拉‧荒井！我推薦此一傑作，這是一個神奇的入口，通往善巧慈悲、涅槃彼岸的光耀。

羅伯特‧瑟曼（Robert A. F. Thurman）

哥倫比亞大學，佛學宗喀巴教授

美國西藏之家主席

紐約州伍德斯托克（Woodstock, NY）

二〇一九年二月五日，豬年，新年元旦

致謝辭

　　岩崎以慈悲的雙手流淌出活力，在成千上萬人生命力量的傾注下，從日本的小城岩田市越洋來到西方。我身為教育家、作家、公共演講者、研討會負責人，有時甚至擔任策展人，工作上得到許多人的滋養，因而加強了我分享岩崎畫作的使命。雖然我無法在本頁上說出每個人的名字，但請知道，您的支持已銘刻我心。

　　路易斯安那州立大學藝術博物館、克洛亞洲藝術館（Crow Collection of Asian Art）、奧斯丁學院（Austin College）、岑特納美術館（The Zentner Gallery）、迪堡大學皮勒藝術中心（DePauw University Peeler Art Center）、佛教研究所、淨土真宗中心以及心智和生命研究所（Mind and Life Institute）的禪修研究國際研討會，一切舉辦岩崎藝術展的人們，致上我澎湃的感謝。

　　對於數十個班級的學生以及成千上萬的人通過幻燈片演示、展覽、研討會和禪修活動，見證了這些畫作的力量，我深表謝意。就像《絨毛兔》（The Velveteen Rabbit）❶一書中的毛絨動物一樣，因為愛而有了生命，你們每個人也都使這個藝術脫離了晦澀，與活生生的療癒之美匯流。展覽中兩個無名參與者更是如此，一位母親說出岩崎的畫作如何在兒子自殺後，幫助她療癒；另一位母親儘管診斷出癌症末期，卻因獲得療癒，而活到可以把年幼的孩子拉拔長大。

編按：○為原註；●為譯註。

❶ 該書為童書繪本，瑪潔莉・威廉斯（Margery Williams）著，繪本有英國的威廉・尼可森（William Nicholson）的原始版，於一九二二年問世，接著有美國莫里斯・桑達克（Maurice Sendak）的雙色版、日本酒井駒子的後製版畫質感版，最近還有旅居台灣的馬來西亞藝術家馬尼尼為詮釋的版本，書中要傳遞的訊息是：絨毛動物玩具若深深被愛，就會成為有生命的動物。

提供專業知識的科學家，包括薩沙·杜拉克博士（Dr. Sascha duLac，神經科學家）、斯蒂芬·斯卡辛格博士（Dr. Stephen Scaringe，生物化學家）、拉維·勞（Dr. Ravi Rau，量子物理學家）、多米尼克·亨伯格博士（Dominique Homberger，進化生物學家）、傑夫·克萊頓博士（Geoff Clayton，天體物理學家）、凱莉·里德博士（Kelly Reed，微生物學家）和傑瑪·沃爾科特—格林博士（Jemma Wolcott-Green，數學宇宙論學家），我的感激之情無法磨滅。

以下的藝術家幫助我透過他們的藝術而看到藝術，致上無比感謝：丹增·諾布（Tenzin Norbu，達蘭薩拉諾布林卡學院的唐卡大師）、米歇爾·巴赫—庫利巴利（Michelle Bach-Coulibaly，布朗大學的舞者和編舞）、麗莎·達比博士（Liza Dalby，卷軸裝裱人）和棚橋一晃（禪宗書法家）。

我誠心感謝日貿出版社的鈴木久志❷先生允許使用岩崎畫作的攝影圖像，也由衷向凱文·達菲（Kevin Duffy）的數位攝影致謝。我熱切感謝路易斯安那州立大學的厄米拉·歌帕·辛格基金（Urmila Gopal Singhal Fund）的重要財務資助。向完成本書的香巴拉出版社編輯戴夫·歐尼爾（Dave O'Neal）、馬特·易培林（Matt Zepelin）和奧德拉·費金斯（Audra Figgins）的感謝浩如煙海。我也時刻感謝岩崎家人給予的基本協助。

以下人士提供我願景的引導、殷切的肯定、如寶石般閃爍的智慧和支持我的堅固壁壘，來支持我，無比感謝！尤其是羅伯特·瑟曼博士、米瑞達·蕭博士（Dr. Miranda Shaw）、海爾·羅斯博士（Dr. Hal Roth）、依微特·瓦格斯—歐勃朗博士（Dr. Ivette Vargas-O'Bryan）、麗莎·般若·荷斯卓博士（Dr. Lisa Prajna Hallstrom）、塔拉·寶約博士（Dr. Tara Doyle）、魯本·哈比多博士、保羅·瑞索爾博士（Dr. Paul Ramsour）、史蒂芬·艾迪斯博士（Dr. Stephen Addiss）、史帝夫·傑金斯博士（Dr. Steve Jenkins）、貝絲·空克林博士（Dr. Beth Conklin）、安卓·凱寶—或普金斯（Adrienne Caddel-Hopkins），以及米雪兒·湯普森（Michelle Thomson）。

---

❷ Suzuki Hisashi-san 有幾種可能；Hisashi 可能是久志、常、序、彌等。

無盡感謝鬼頭老師 ❸、杉浦百合子 ❹、我的伴侶凱（音譯）、兒子謙治，遠遠近近的海量支持、深度耐心與關懷。

　　無數的因緣助成本書，我一路能參與引導這股流動，深感榮幸，也因為相依相存網絡的支持而深受鼓舞。

合掌禮拜

葆拉

舊金山，二〇一八年七月

---

❸ 此處指鬼頭春光 （Kitō Shunkō） 老師，是作者在菩提伽耶結識的曹洞宗尼師。
❹ Yuriko Sugiura 有幾種可能的漢字：Yuriko 可能是百合子、友理子、由利子、由里子等；Sugiura 可能是杉浦、杉裏、椙浦等。

「騎龍觀音」是大慈大悲觀世音菩薩的眾多形象之一，
其稱呼包括 Avalokiteshvara（梵語）、Chenrezig（藏語）和觀音（漢語）（〈騎龍觀音〉局部）。

《心經》經文

《般若波羅蜜多心經》
唐　三藏法師玄奘　譯

觀自在菩薩，行深般若波羅蜜多時，照見五蘊皆空，度一切苦厄。

舍利子！色不異空，空不異色；

色即是空，空即是色，受想行識，亦復如是。

舍利子！是諸法空相，不生不滅，不垢不淨，不增不減。

是故，空中無色，無受想行識；無眼耳鼻舌身意；無色聲香味觸法；

無眼界，乃至無意識界；

無無明，亦無無明盡，乃至無老死，亦無老死盡；

無苦集滅道；無智亦無得。以無所得故，菩提薩埵。

依般若波羅蜜多故，心無罣礙；

無罣礙故，無有恐怖，遠離顛倒夢想，究竟涅槃。

三世諸佛，依般若波羅蜜多故，得阿耨多羅三藐三菩提。

故知：般若波羅蜜多，是大神咒，是大明咒，是無上咒，是無等等咒，

能除一切苦，真實不虛。

故說般若波羅蜜多咒，即說咒曰：

揭諦揭諦，波羅揭諦，波羅僧揭諦，菩提薩婆訶。

木匣中岩崎落款鈐印的
《心經》卷軸

所得故菩提薩埵依般若波羅蜜多故心无

罣礙无罣礙故无有恐怖遠離一切顛倒夢

想究竟涅槃三世諸佛依般若波羅蜜多故

得阿耨多羅三藐三菩提故知般若波羅蜜

多是大神咒是大明咒是无上咒是无等等

咒能除一切苦真實不虛故說般若波羅

多咒即說咒曰

揭諦揭諦波羅揭諦波羅僧揭諦菩提薩婆呵

般若心経

岩崎萬里淨書

摩般若波羅蜜多心経

觀自在菩薩行深般若波羅蜜多時照見五

蘊皆空度一切苦厄舍利子色不異空空不

異色色即是空空即是色受想行識亦復如

是舍利子是諸法空相不生不滅不垢不净

不增不減是故空中無色無受想行識無眼

耳鼻舌身意无色聲香味觸法无眼界乃至

元意識界无无明亦无无明盡乃至无老死

亦元老死盡无苦集滅道无智亦无得以无

以視覺藝術旁注《心經》

雷叔雲

　　歷來多少人把《心經》的名句「色不異空，空不異色；色即是空，空即是色」視為概念迷宮或神祕經驗，說是千古第一公案，也不為過。本書主人翁岩崎常夫先生卻從中找到了創作的泉源！

　　玄奘大師的《心經》譯本僅兩百六十字，短小而凝煉，深獲人心，是傳誦最廣的版本。本經與《大般若經・學觀品》的文字高度相似，推想是古德見適於推廣而特為摘出，作單行流通。因為此品內容正是大乘佛法以般若波羅蜜多智慧「度一切苦厄」「能除一切苦」的心要，因此題為《般若波羅蜜多心經》。❶

人間《心經》

　　歷來禮敬《心經》，多以音聲持誦，當作日課或晚課，晚近還有自創音律，採合唱或獨唱的形式。當然，富於視覺效果的寫經也不遑多讓，抄經是文人傳統，歷來書家❷傳寫《心經》者甚多，各得其妙。例如民國弘一大師以清簡的風格書寫《心經》，其淡如水，卻天心月圓。

　　眼光拉到同樣浸潤在北傳佛教的日本，譯者曾在寺院佛龕前，見信徒抄寫一疊一疊的《心經》作為供養。京都近郊的西芳寺以細緻的苔蘚庭園聞名，又稱苔寺，入寺前要求抄一遍《心經》，不啻有繳交靜心／淨心證明以取得入場資格之意。岩崎先生則獨樹一幟，以嚴謹的細密小

---

❶ 根據印順導師《般若經講記》的看法。
❷ 舉例而言，（懷仁集字）《大唐三藏聖教序》中有王羲之的《心經》，乃書法必臨經典，其餘大書家如歐陽詢、趙孟頫、吳鎮、張旭、董其昌、文徵明、傅山、張瑞圖、溥心畬、吳昌碩、于右任等都曾沐首敬書。近人台灣的拾得法師更結合書、畫、印三種藝術風格創作《心經三法印經變圖》。

楷抄寫《心經》，延伸成線條或平面，形成富含寓意的物象。

一般說到寫梅寫竹、寫意、寫經的「寫」，是指充分利用毛筆的軟性 ❸，筆尖筆腹可朝任何方向，並提按至任意高度，在紙上作書作畫。岩崎先生的「寫」可說集以上之大成。本書作者葆拉·荒井教授在紙上策展岩崎先生的畫作，不時提醒我們，畫家是如何解碼「色不異空，空不異色；色即是空，空即是色」。

《心經》非概念，非神祕

其實這四句不能單獨看，接下來還有一句「受想行識，亦復如是」。也就是說，其實五蘊（色、受、想、行、識）都有同樣的特性，「受不異空，空不異受；受即是空，空即是受。想不異空……」繼續讀下去，豈止五蘊？十二處（眼、耳、鼻、舌、身、意；色、聲、香、味、觸、法）、十八界（眼界，乃至無意識界）、十二緣起（無明，乃至老死）、四諦（苦、集、滅、道）等諸法（一切現象），無一不是「諸法空相」。

這與我們一般人的直覺經驗大相逕庭：「色受想行識……苦集滅道」這一切法，明明是「有」（存在），而「空」不是「沒有」嗎？有與空的關係怎會是「即是」和「不異」呢？

從「有」來看，世間林林總總的現象，軌則不外果從因生，譬如一旦苦受生起，則感受、情緒、認知、價值觀、生理……霎時改變，而這些現象，又可造成其他的果，於是在另一脈絡中，它們又成為因了。因果網絡中的各種現象瞬息萬變，是活活潑潑的動態，找不到實存、獨存、恆存的「自性」，因此，「有」其實是「緣起有」，緣起的存在現象中，每一法之間都相依相待，依因緣條件而「有」，因此經上說：「此有故彼有，此生故彼生。此無故彼無，此滅故彼滅」❹。依此而修，當可了悟諸法生滅不住、了無常性，又是因緣和合、我性空寂，所以生不是堅堅實實的生起，滅也不是堅堅實實的滅去，無所謂實生實滅，正「是諸法空相，不生不滅，不垢不淨，不增不減」。

---

❸ 東漢·蔡邕《九勢》：「勢來不可止，勢去不可遏，惟筆軟則奇怪生焉。」
❹ 見《雜阿含經》卷12.298經。

轉從「空」來看，龍樹菩薩說：「以有空義故，一切法得成」❺，唯有「空」寂才能現起世間雜然紛陳的「有」。因此，「有」因「空」而成立，「空」也因「有」而彰顯，兩者不離不隔，相即互入。那麼，「有」和「空」的關係怎會不是「即是」和「不異」呢？

當然，這遠非凡夫境界，在經首，佛就說了，觀自在菩薩既是八地以上的菩薩，具備到彼岸（波羅蜜多）的智慧（般若），才得以參透種種「有」和「空」的內核，無二無別。原來《心經》所說，不是概念迷宮，也不是神祕經驗，而是修行歷程中的實證體驗。

視覺旁注，另類經變❻

由於畫作僅能表現色法，岩崎先生將一切色法的「有」轉為視覺藝術，或以天文望遠鏡觀點，或以顯微鏡視角，讓《心經》的經文流淌在每一物象上，賦予莊嚴的形象，從而點出：一切法「依緣而有」，而且「空有不二」。

岩崎先生的創作成果，我們可以捧讀欣賞，並致以敬意。然而作品背後的創作者和創作過程，則非得感謝本書作者的披露不可。舉例來說，岩崎先生五十五歲開始學書法，六十三歲發願抄經兩千遍，七十歲開始用精確測量的細密字塑造畫中物象，七十一歲到八十三歲，走遍四千八百公里的五條朝聖道路上的兩百七十六座寺院，一路念誦《心經》，這是何等的願力、毅力和體力付出！

岩崎先生親歷二次大戰的破壞性，不但目睹生命和有形的建設遭到毀壞，戰後，倖存者內心無形的創傷仍然延續。他用「色」法的顯現來演繹「空」，讓我們看到出世間般若智慧所觀照的世間對象。同時，他原為「度一切苦厄」而畫，我們在觀畫的當下，也間接體察到悲心流向的對象，他不僅療癒了自己，也療癒、更啟迪了觀畫者。

---

❺ 見龍樹菩薩《中論‧觀四諦品》。

❻ 經變，是經典的變相或變現，也是深奧經典的再翻譯運動。為了方便對一般大眾弘法，歷史上出現了通俗說說唱唱的「俗講」，底稿稱為「變文」。又有看圖說故事，稱為「經變」或「經變圖」。用通俗白話說，類似佛經單口相聲和連環漫畫。當然，岩崎先生為經典注入的是藝術與科學旁注。

PAINTINGENLIGHTENMENT

【第一部】
岩崎常夫：科學家和療癒的願景

《心經》呈現的真理，隨處可見。

就在我們心中，即那未知的始與終。

—— 空海 （西元七七四至八三五年）

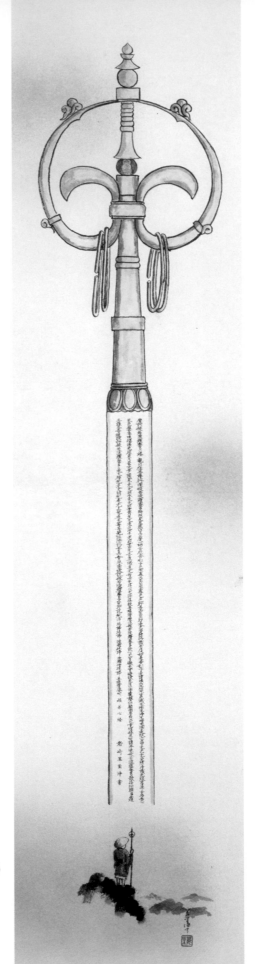

錫杖（80 x 22 cm）

轉化的旅程

　　名古屋，早春的夜，雨正落著，電話鈴響了，那頭永井女士 ① 優雅的聲音傳來，用輕快的語調問候我，她省略了尋常的禮節交流，直接切入正題。我當初研究佛教療癒修行時，她是其中一位分享個人經驗的老太太。

　　「葆拉女士，我終於明白了，『空』並不疏冷，而是用慈悲來接納我們，我們才能活著、移動、呼吸，甚至死亡。」

　　我們早先的對話中，她沮喪地告訴我，無論多麼精進研讀「空」的佛教教義，都無法了解。她原希望藉此緩解人生中許多失落的痛苦：第二次世界大戰奪走了她兩位長兄；父母育有五名子女，因為其中兩個孩子先離世而迅速衰老；父母過世後，患有精神疾病的長姊由於不能再得到父母的照顧而自殺；妹妹則被新婚夫婿謀殺。

　　「今天我去看了《心經》的畫展。」她告訴我：「看了那些畫作，我感覺到『空』是多麼地溫暖和美妙，明天是展覽的最後一天，你一定得親自去看一看！」

　　次晨，我就衝過去了，一手抱著兩歲的兒子，一手撐著傘，在滂沱大雨中艱難跋涉到了博物館。我想知道繪畫如何能幫助人們看到 —— 更別說感覺到 ——「空」。一到了展廳，我立即明白了。我站在露珠、幼

---

① 永井是一九九九年三月六日打電話給我的女士的化名。〈看心經〉在名古屋市立博物館一九九九年三月二日至七日展出。岩崎的畫作也於一九九三年至一九九六年間在半田市立博物館展出，完成〈大爆炸：E = mc²〉後，他於二〇〇一年一月二十至二十五日在半田文化和福利中心，以及於二〇〇一年六月十三至十七日在東京目黑區美術館展出。【譯按：從發音來看，漢字也有可能是長井女士。】

〈雷電〉局部

鴨、龍的景象之間，一種滋養、涵容智慧的明淨，從畫作流入我心。這些畫作蘊含強大的視覺形象，直接傳達出洞見，這是我專研佛教思想和經文分析的哈佛博士學位都沒能給我的。我渴望見這位藝術家，而且冥思苦索如何能夠找到曲折的引介來結識他。剛巧這位藝術家岩崎常夫（Iwasaki Tsuneo，一九一七至二○○二）②來為五天的畫展閉幕。在第一次的對話中，我完全無法想像自己那天遇見的輕巧而謙遜的人物，居然是一位退伍軍人，第二次世界大戰結束後的一年間，被日本皇軍棄在有如活地獄的南亞小島。當然，我後來又知道了這位畫家不少的經歷。兩星期後，我第一次坐火車去他家，位於名古屋市一小時以外的小鎮，這條火車路線我後來坐了無數次。那次拜訪中，我發現這位口若懸河的精妙藝術創作者，居然是六十歲從生物學家的職涯退休後才開始創作。之後的三年，他逐漸吐露他深層的動機和創作過程，包括促使他拿起畫筆的最初自問：「我如何把我學到的生、死和療癒，傳遞給他人？」他

---

②傳統上，日本人把姓放在前面，因此岩崎是他的姓，常夫是他的名。

過世時，並不知道有一天達賴喇嘛會讚嘆他的藝術作品有一種力量，能表達佛教和科學兩者看待實相的共鳴之處。

我首次在住宅簇擁的一家中國餐廳拐進岩崎所住的鄰里窄巷時，毫不知悉自己正在展開一段修行和藝術的發現之旅，且長達數十年。當時，我只是充滿興奮，即將與一位用藝術表達正覺的人談話。雖然悟境一向被公認超越名言，不過各種文化和各歷史時期的佛教徒仍大量運用文字、圖像或修行，來培育正覺。其中最寶貴的工夫，便是一部極短的經文，題爲《心經》，較正式的名稱是《般若波羅蜜多心經》。我後來發現岩崎想出一個更爲口語而且更能顯示其內容的經題：《解脫智慧與慈悲之心要經》③。

《心經》的歷史可以溯源至西元一五〇年的印度到西元七世紀的漢地，就看你相信誰的故事版本了，④多少世紀以來，在東亞，是儀軌和恭敬禮拜的場景中常誦的經典，因簡短（日文版本中只有二百七十六個字❶）而大受推崇，本經提取大乘智慧和慈悲的核心教義，換句話說，它是很不容易理解的，也許這就是本經比其他經典累積了更多論釋的原因。⑤這部經激發出許多有創意的方式，來體驗其中的解脫力量，包括隨身放在靠近心臟的小袋、在恐懼時默誦、需要強大力量時大聲誦出、精巧的米雕、摯愛的人過世後抄寫在一令一令的紙上、一次攝入一個音節來生起智慧、鑲嵌在建築物內、生產時緊握手中。有些人把經文的漢字形塑成佛塔和佛像，創意地表達深刻的敬意。這部經以多樣的方式，與人們的生命交織近一千年，產生

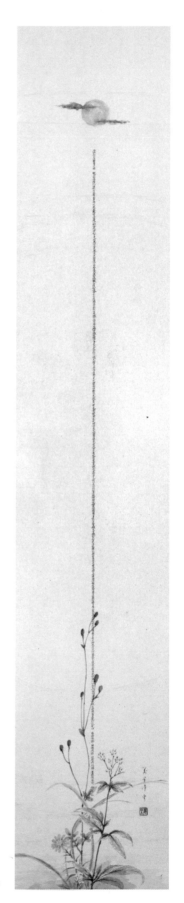

秋華（105 x 17 cm）

③《般若心経を観る：細密字写経画入門》（東京：日貿出版社，一九九九年）p.26。

④ Donald Lopez Jr. 在其著作《Elaborations on Emptiness: Uses of the Heart Sutra》（Princeton, NJ: Princeton University Press, 1996）p.241 中，把《心經》的源頭推向早期印度。Jan Nattier 的 "The Heart Sutra: a Chinese Apocryphal Text?"《Journal of the International Association of Buddhist Studies》15, no.2 (1992):153-223 則收集證據，證明源頭在稍晚的中國。

❶ 中文版本有二百六十字。

⑤ Lopez, Elaborations on Emptiness, p.5.

岩崎在家中甫完成
〈光耀的珍珠〉的金銀色版本

了豐富而莊嚴的物質文化。然而，用本經來修行的人鮮少自稱通達這部經文的教義。岩崎創新的靈感是把《心經》的文字組成雷電、原子、黑洞和DNA來表達經文的意義。

此時我的理智中有著此起彼落的大小問題，感性中則萌發著尊敬的讚嘆。一跨進岩崎家的大門，進入前院，便見到一方小小的綠洲，立刻有一種默然的平靜，我們都很高興有機會談上了話，因此正式的鞠躬很快就親切地化為愉悅的微笑。我非常有幸被這位有智慧的藝術天才邀請到家中。他原來有點吃驚，何以一位西方訓練的佛教學者會對他的畫作感到興趣。他已經知道我大致的背景——我正在日本休假，利用傅爾布萊特獎助金來研究療癒的儀軌。他也知道我對他藝術創作的印象，因為我曾寫了一封信給他。寫信是因為我倆在博物館碰面那天，他的畫作掛在蕭穆、高大的畫廊裡，見證著他的智慧和藝術天分，我卻因為沒帶名片，口袋裡僅有幾張面紙，只能空著手介紹自己。因此我下定決心，要為這日本傳統習俗收尾。

我坐在他家的客間，可以從一片窗牆望出前院。「床之間」是用來供奉尊貴美麗的事物，我背對著那裡，覺得有點不安。那一天，他用菩提達摩的畫作和優雅的插花，來為「床之間」增色。我坐在上座，跟岩崎隔著桌子，頓感一種千鈞的重力，這是禪師所謂的「一期一會」❷的時刻。我問他我可不可以供養他家「床之間」右側角落的佛龕，自此以後，我每次拜訪岩崎家，都從燃燭和燃香的傳統儀式開始，然後引磬，並禮拜佛龕中的阿彌陀佛像。自從岩崎過世後，我鞠躬時總是淚流滿面，然而那一天，我內心充滿了感謝，有這個機會親自感謝他充滿真知灼見的藝術作品。品茶時，我請求他准許我把他展覽目錄中的畫作拍成幻燈片，告訴他，我有多等不及跟我的美國學生分享，因為我可以想像，他們如果看到這些畫作，會更加理解《心經》和空的意涵。雖然他很謙卑，但那一抹微笑卻洩露了他知道自己多少能幫忙教導美國學生，是多麼愉悅。

---

❷ 佛教裡把人的一生稱為「一期」；「一會」意味著僅有一次相會。「一期一會」源自日本茶道，但其應用範圍早已超出茶道。這是勸勉人們應珍惜身邊的人和每一次的聚會。

研究を続ける岩崎教諭

岩崎在一九五四年六月十七日被報紙報導，因爲他的鷺之研究贏得國家獎助金。

幾盞茶之後，我得知他一九一七年七月九日出生在京都，家庭非常重視教育。他跟六個妹妹有志一同，都成了老師，他非常投入研究。然而父親過世之後，他身爲長子，因爲要克盡孝道，只得離開東京大學農學系 ⑥ 的研究，回鄉照顧母親。早年，岩崎一家搬到知多半島的安靜小城半田市，距古都京都有一段距離。附近沒有大學，岩崎從一九四一年到一九六〇年在半田女子高等學校和男子中學校覓得了教生物的教職，又繼續在不同的學校一直任教到一九九六年。⑦ 雖然鮮少中學老師像他這樣高度自律，而且在整個職涯中保持積極的研究，縱使時間、資源和支持都極爲有限，但他

岩崎於二〇〇二年一月二十五日在一座寺院中發表〈進化的壇城〉。

⑥ 現在已改稱爲筑波大學。
⑦ 他任教職期間，這些學校併校，成爲半田高等學校。

還是能夠分享他的知識：他在全國會議上報告蠶的研究，並出版論文（其中一篇曾譯為法文），他的努力贏得日本教育部國家獎助金的殊榮。岩崎靜定地保持平衡的生活，以便追求他多樣的愛好，一路閃耀著創意、務實和堅韌的性格。

　　接下來的那個星期，我帶著具體計畫再度登門，感受到彼此之間深刻的連結，滿心溫暖，正準備離開之際，卻沒料到後來發生的事：我原已讚嘆於他閃亮的眼睛，這時他的微笑也閃亮起來了，他把「床之間」展示的菩提達摩的畫作（見132頁）取下來，交給我，說：「請笑納，這是送妳的。」我太驚訝了，鞠了一個很久、很安靜的感謝大躬，額頭都快碰地了，淚如泉湧。這幾年來，我的心一再回到那個時間點，想不通他為什麼選了這幅畫。有一天靈光一現，原來這是一樁公案：「如何是祖師西來意？」菩提達摩因為將佛法傳入新土而知名，原來這份畫禮帶著他的祝禱，他願畫作中體現的訊息，也能傳播到日本島國以外。

　　我當時雖然不知道這廣大的願景，卻在第一次見面之後，就下定決心要把他的藝術作品與更廣大的人群共享。我跟他一起參加了知名作家兼禪師松原泰道（一九〇七至二〇〇九）的禪宗開示，他的書《般若心經入門》一直都名列暢銷書排行榜。⑧多年來，松原泰道從他的寺院——東京的龍源寺，來到名古屋市中心的中日文化中心開示。聽畢開示，岩崎和我經常啜飲著茶，沉浸在佛教錯綜的教義當中，並反思如何在心領神會之後，更深刻地看到這美麗卻受困的世界。

　　在談話當中，岩崎表達了他如何回應現代生態和人類危機。他見證了核子時代戰爭的恐怖和二十世紀科技的勝利，覺得必須改善我們碎片式的注意力、對環境的破壞，還有個人和社會的暴力，使我們的生存不再受到威脅。他找到了一個方法來表達科學知識和佛教智慧可相互充實並拓展彼此，因為科學展現了「介入」的必要和外在方法，佛教則對引起地球苦難的

---

⑧岩崎主要追隨松原泰道禪師研習《心經》，禪師有一百三十本著作。

蠶（83 x 17 cm）

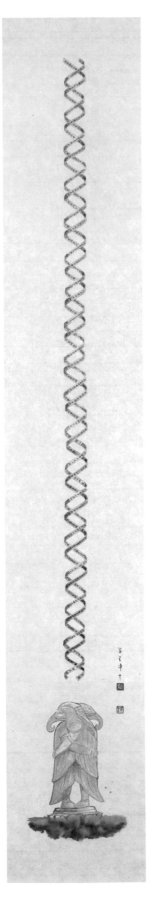

貪、瞋和恐懼，提供了另一個選項。

　　事情逐漸清晰起來，岩崎是有願景的思想家，深切關心世界的命運，而且是文明前沿的先知，岩崎把佛教修行、科學和藝術三股支流匯聚成一道強而有力的水流，又將想像力注入新鮮、生氣蓬勃的水中。他創新的藝術顯示科學和佛教兩者對於實相的觀點是和諧共鳴的。他從大自然、佛教文化生活，以及微觀和宏觀的各種奇觀中，抽出瞬逝的美，把《心經》的漢字塑造成藝術形象。他選擇《心經》作為全部作品的結構元素，顯示了畫作中秉持的思想 ⑨。他深知現代社會視覺媒體日益飽和，於是希望能超越語言障礙，將轉化的智慧傳授給廣大、跨文化的觀眾。

　　岩崎的作品有一個外顯的特徵，就是強調感官在認知不同實相維度中的角色。意象和科學基本上依靠感官的經驗，但是佛法警告我們，感官如果沒有經過智慧的培育，就會傳遞錯誤的訊息，使我們生起愚癡，引發痛苦。未經訓練的感官可以看到世俗諦，但若要看到勝義諦，則需要我們的認知發生深刻的轉化。岩崎的作品運用莊嚴的字體來形成各種圖像，引導觀畫者看到他所畫的事物以及廣布一切事物中的智慧編碼。

　　我一旦知道了岩崎更多的生平經歷，便愈來愈清楚他的好奇心為何永無止境。他不斷學習並且記筆記，總是隨身攜帶筆記本，然而，談到修習佛法，他自認是在成長過程中受到潛移默化。縱使他生長在佛教文化的環境裡，但仍然可貴的是：他早年就自覺發心追隨佛道。他顯然有根深柢固的真誠，例如他在十七歲便寫了俳句，獻給無量光佛：

---

⑨岩崎的作品包括三百餘幅畫，在不同的地方，知名或不知名。他贈送了許多作品，許多圖像也不只畫了一次。家人和朋友擁有許多他的作品，半田文化福利中心（如〈銀河〉〈煥發的珍珠〉）、松原泰道的寺院龍源寺（觀月）、葆拉・荒井（〈雷電〉〈DNA〉〈達摩〉〈煙花〉〈月光〉〈幼佛〉）。他複製了一些畫，包括沒有大毒蛇的〈進化的壇城〉〈煥發的珍珠〉（一為金色，一為金銀雙色）、幾種版本的〈幼佛〉和〈雨落〉，還有為感謝贊助者而畫了一百幅〈月光〉。

幼佛的供養（104 x 17 cm）

南無阿彌陀佛
願真心顯露
瞬時也好

他為了順應世俗諦（日常表象的實相）即勝義諦的教法，想到了父母是一切經典的基礎，應引導人們了解：父母便是我們的經典，於是找來《父母恩重經》⑩。這是受儒家文化影響的經典，極可能出現於第八世紀⑪，在印度誕生的佛法到了中國，便與文化整合成了漢傳佛法。這部經歌頌父母照顧子女的無盡慈悲，子女累欠父母的債不可勝數，它訴請務實地表達感謝，譬如隨時準備解決父母的需要，同時也叮囑要把修行表現在日常生活，如供養佛龕一事。岩崎在母親生前，只是偶爾在家庭佛龕前供養或念誦，因為母親是家中主要維持儀軌的人。母親過世後，他每日早晚都在佛龕前供養或念誦。

岩崎的覺知日益開展，重心就更明確了。他說自己以下列的《法句經》偈頌為「人生的準則」⑫：

　　無逸不死道，放逸趣死路，
　　無逸者不死，放逸者如尸。❸

岩崎把佛法的錦線織入他深刻的個人探索，這線就是日本盛行的自然美之療癒智慧。其他的佛教文化，多把美麗的形式視為執著的陷阱，終會引起痛苦，對比之下，日

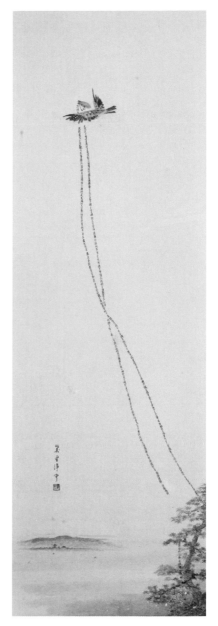

佛髮（83 x 26 cm）

⑩ 英譯本請見 Keiyo Arai, trans., "The Sutra on the Profundity of Filial Love," in *Apocryphal Scriptures*, BDK English Tripitaka Series (Berkeley: Numata Center for Buddhist Translation and Research, 2005), p.121-126.

⑪ Arai, "Translator's Introduction," in *Apocryphal Scriptures*, p.119.

⑫ 《法句經》是基礎佛教經典，以偈頌來教人認識苦因，並引導活出解脫和寂靜的生活。

❸ 敬法法師的白話翻譯為「不放逸是不死道，放逸是死路；不放逸者不死，放逸者有如早已死去。」

本佛教文化則強調美的形式是走出痛苦的方法。空海（西元七七四至八三五年）是密教宗派眞言宗的創宗者，在《法身說法》中提到這個觀點的佛法基礎。他說勝義諦等同世俗諦，用詩意的說法，就是每一草尖的露珠都在教導無常；每一次聽聞鳥鳴，都聽到不二的智慧教法；春雨過度到夏花，就是一堂大師課，講述實相相互爲緣的本質；櫻花在空氣間暗香浮動，召喚我們認識「空」的美；凜冽的冬日有陽光的溫暖，是一堂私房課，訴說萬千創發生機的悲行；大自然是學有專精的老師，因爲大自然的形象活出了佛法。因此當岩崎從他的顯微鏡來觀察，看到了佛法錯綜複雜的細節，在他的心中撒下了種子，終於萌發出具有感召力的藝術作品。[13]

　　岩崎對一切眾生的慈悲心，在戰爭中經歷了嚴峻的考驗。他如同許多退伍軍人，不願沉湎在自己戰爭時期的經驗細節中，然而很清楚的是，戰爭加深了他承擔生命的決心。一九四二年四月十日，他二十四歲，開始在日本皇軍服役，被分派到今村均將軍麾下，成爲九萬名日本軍隊當中的一員，駐紮於新幾內亞巴布亞深海港口。[14]戰後，軍隊被澳洲的盟軍留置在拘留營，食物供應不足，還好軍隊中很多農夫出身的人，於是他們自給自足，大部分皇軍才不致餓死。岩崎也提到他們吃過蛇和昆蟲。整個拘留營經常有辯論，推想日本爲何戰敗？許多人覺得是因爲日本政府保守的教育目標，一直欠缺科學和技術的訓練。今村均將軍雖被戰勝國俘虜，卻顯示了驚人的韌性，命令他的人馬開始發展科學和技術，以備遣返日本時可幫助受戰爭蹂躪的祖國。[15]岩崎是一名軍官，[16]有責任教導並開發課程，他是日本知名大學的生物學家，主要的研究即與生存有關：他專司白薯天蛾（Agrius Convolvuli）的研究，這種蛾是一種吃主食（即番薯）的寄生蟲。一九四六年五月二十六日，差

---

[13] 空海大師欣賞岩崎的畫作，因為空海也是消融了字體和圖像的界限來表現正覺的境界。進一步的探討，請見Pamela Winfield, *Icons and Iconoclasm in Japanese Buddhism: Kukai and Dogen on the Art of Enlightenment* (New York: Oxford University Press, 2013), p.71.

[14] 今屬巴布亞紐幾內亞。

[15] Tanaka, "Japanese Forces," p.146.

[16] Tanaka, "Japanese Forces," p.150.

岩崎常夫

不多是戰爭結束後的一年，岩崎快二十九歲了，終於回到了名古屋。

追尋《心經》的智慧

　　回到日本後數十年，他從事教職，同時也是生物學家，開始想找一個方法把戰爭前線的痛苦轉化爲對一切眾生的慈悲。他找尋不同的教法和修行，但覺得沒有什麼比《心經》更強而有力。他富有創意又思想深刻的畫作顯示他學到了：看待實相是從「苦的此岸」度到「離苦的彼岸」的方法。他是科學家，練就了觀察實相的技能——即持久專注於《心經》中教法的能力——於是看到在認知和培養悲行背後，有著智慧的本質。岩崎以這部經莊嚴的文字，運用現代的想像力，來繪製科學的視覺比喻，其中有氫原子、仙女星系、DNA鏈，還有 $E = mc^2$ 在天文上的展現。他又把這一切織入佛教慈悲的比喻，如幼佛、阿彌陀佛、觀音、不動明王。岩崎的藝術作品融合了兩種實相，揭開《心經》深藏的珍寶。

　　《心經》的全名，梵文是 Mahāprajñā-pāramitāhṛdayasūtra，日文則是《摩訶般若波羅蜜多心經》。這一部關於智慧的佛教經典，很智慧地嵌入諸佛之母的名稱：般若波羅蜜（Prajñāpāramitā）；也尊重地宣稱她的殊勝（Mahā），以及如何藉由她的智慧（Prajñā）度（pāramitā）至正覺的彼岸，這部經應許提供這個探險的心要（hṛdaya）。《心經》很獨特，一開始立刻切入正題，好似讀者剛好錯過舍利子（也就是佛陀那位善於提問的知名大弟子）打斷了觀自在菩薩（觀世音菩薩，或簡稱觀音菩薩，也就是聞聲救苦的菩薩）的甚深禪定（行深般若波羅蜜多時），問：「我如何到彼岸，度一切苦厄？」之際，讀者剛巧及時到達，聽到觀音菩薩智慧地指導如何航向實相。

　　這部經的指導簡明扼要，教學對象顯然是已經非常熟悉這個領域的人，觀音菩薩除了簡要指導如何度至離苦的彼岸，也警告你一路上可能會遇見的障礙，這道路的質地是有機、不停轉化，而且富於解脫味。六根門的認知——眼見色、耳聞聲、鼻嗅香、舌嘗味、身覺觸，還有在佛法中的意識——是微妙不易把握的，都應密護，因爲心容易放逸。你見到色法，並在其中移動，你聽到的聲音，你嗅到的香，只要不把它們當成實體，就豐富了修行的道路。你必須小心每一步驟，因爲任何時刻都可能轉往苦的道路。一個吸引人的目標也許會攫取你的注意力，一旦開

始追求，便偏離了解脫之道，還自以為快要得到想要的東西了呢！偏離的警告標誌包括：你發現自己的反應都是出於恐懼，還有為安全感而執著一個目標。最後只會感到這經驗如同流沙：你愈執著，便愈沉入恐懼，換句話說，若緊抓著救生圈的全息影像，並不會讓你免於溺斃。因此要很小心。不要把一些東西認知成它並不是的那種東西。一路走在「色、空」狹窄而微妙的道路上，要戒慎小心。關鍵是，不要以為有任何現象可以自外於動態活動的相依相存之流，如果你體驗每一個現象，包括你自己，都是一個相互依存事件中的活生生的網絡，那你就走在解脫和離苦的道上了。

　　的確，《心經》最知名的，就是觀自在菩薩警示我們要了知「色即是空，空即是色」，近兩千年來，人們不斷分析並辯論這個句子的哲學意涵。要了解「空」的重點，就是要問「空掉什麼？」[17]這個答案非常簡單：獨立的存在體。其他的答案，還包括天生本具的實質、獨立分離的實體、實質、獨一性、獨存的本體。「空」充滿了關係連結，因為「空」是描述方法，用來表達萬法互相關聯而且不斷變化的本質。「空」並非一無所有，而是沒有獨存的實體，「空」是用來描述勝義諦的本質，但勝義諦並非一處地方。「空」是概念，指組成宇宙的動態又相互依待的活動。「色」是描述世俗諦，或說我們從眼、耳、鼻、舌、身、意六根門所體驗到的，世俗諦也非一處地方，只是一個詞語，用來表示我們認知的領域。我們認知的物或人，都是無限的能量之流，不斷互動而且遷流變化──我們的歡笑和哭泣、工作和遊戲、生和死。然而我們的根門和心路過程，會把實相形塑成為可認知的色法，像是雨滴和螞蟻、我和你、好和壞。

茶花（105 x 19 cm）

---

⑰ Thich Nhat Hanh, *The Other Shore: A New Translation of the Heart Sutra with Commentaries* (Berkeley: Parallax Press, 2017), p.30
【譯按：中譯本為《一行禪師講心經》，橡樹林，二〇二一年。】

〈蓮露〉局部

　　從色和空兩者的相互關係來定義的話，便凸顯了萬法在動態和相互依存之流中不斷轉化。空和色一如所有的文字，只是探索的工具，設計的用意是幫助我們脫離「苦」的領域，進入「無苦」的領域。「色」是一個概念，提醒我們，我們的所作所為都會發生影響。「空」也是一個概念，提醒我們每一現象都不會如其表象。總而言之，《心經》鼓勵我們證悟一切認知中無實質、相互依存的本質，囑咐我們採取慈悲的行動來解脫痛苦。

　　岩崎的畫作提供了空的視覺表現，令人聯想到七世紀傳奇的金獅譬喻 ❹。佛教大師法藏這樣表達色和空的關係：他把空比喻為金，色比之於金塑的獅子像，看似非常堅實而且持久，卻與一切物質現象同樣無常。金的可塑性──缺乏固定的形式或狀態，可以塑造出暫時存在的獅子像。同理，空是動態、蓬勃的實相，可生起稍縱即逝的色。色藉空的潛力而生起，空只能藉色來體現。舉例而言，如果你想要仔細觀察色法，也許是一塊堅硬的石頭，你貼近到可以看到組成它的電子，可以看到它的多孔和活動的脈動，原來色法根本就不是堅實的實體。反過來，如果你轉而更仔細去觀察空，然後撞到一堵牆，你會發現空是多麼堅硬！就像我們目睹一個花瓶摔到地上，而看到重力的活動，每次我們聽到鴨子呱呱叫、聞到一股花香或撫摸一隻貓，也都體驗到空的活動。

　　體驗空，就是體驗相依相存。這是清除煩惱的關鍵，煩惱能遮蔽自然法則，繫縛我們，使我們痛苦。認知可決定我們走在痛苦之道還是解脫之道。我們很容易看不見「空即是色」「色即是空」。因此，岩崎的畫作非常珍貴，因為他答覆了這樣的問題：「色即是空，空即是色」看

---

❹ 見華嚴宗創立者法藏大師在《華嚴經・金師子章》中的譬喻。

起來像什麼？感覺起來像什麼？嘗起來像什麼？聞起來像什麼？聽起來像什麼？岩崎用空中生色的經文，向我們展示如何同時認識勝義諦和世俗諦，如攝影中的雙重曝光 ⑱。

他的畫作中，只有空和相依相存的勝義諦，才能生起六根門所感知的世俗諦，而要看得見每一個色法的錯綜細節，必藉宇宙無盡的無形相依相存。這樣的雙重曝光必須靠悲心。原因很簡單，你需要聽見聲音的形式——哭泣，才知道有人需要幫助，以及要到哪裡去幫助他們。你需要看見形體——一隻手，才知道向哪裡看，並感受到實際的形體，以對有難的人伸出援手。岩崎的目的是爲了幫助觀畫者體驗到萬法相互依存，至關重要，並鼓勵關懷。他畫了諸佛組成的原子，主張在最基本的生命中，每一法都是由智慧和慈悲的能量構成，一切色法都在驅動我們從事相依相存、不斷變化的行動來息滅痛苦，所以你需要去感知空的智慧和慈悲的色法。

智慧使我們認知實相之際，不致受煩惱的扭曲。只要沒有智慧的保護，行動就不會與實相一致，我們的行動也就達不到目的了，就好比在遊樂場的哈哈鏡裡，想要觸碰你的襯衫上的一點。能究極保護我們不遭到這種苦難，或更糟的事，就是消融一切煩惱，獲得圓滿的智慧。這是很崇高的標準，就定義來說，圓滿的智慧就是正覺生命的標誌。然而佛法很樂觀，不但肯定了一切眾生都可以度至正覺的彼岸，還慈悲地支援一路上的修行。《心經》既智慧又慈悲，在眾生智慧出現之前，提供了一句眞言、一劑言語藥錠來安慰眾生的心。⑲

⑱ Robert Thurman's "double exposure" metaphor was formulated in a graduate seminar, "Emptiness and Compassion" (Harvard University, Cambridge, MA, January-June，1986).

⑲ Tenzin Gyatso, *Essence of the Heart Sutra: The Dalai Lama's Heart of Wisdom Teachings* (Somerville, MA: Wisdom Publications, 2005), p.129.

岩崎向作者解說放大鏡，時爲二〇〇〇年八月。

在這有助於邁向解脫的偉大傳統中，岩崎的畫作就像視覺的藥。《心經》的視覺力量集中在他的畫作之中，正如這部經的聲音力量集中在咒音。他以容易親近的藝術形式呈現出這智慧的教法，目的在於幫助人們療癒愚癡和煩惱，也就是覺醒。岩崎怎會有這樣的洞察力呢？他既不抗拒生命的任何狀況，也幫助有需要的人蒸發掉遮蔽空見的煩惱，無論是戰爭之中的恐懼，還是目睹摧毀自然棲息地的行為而產生的憤怒。這種種努力會助他釋放能量，然後轉化成為對宇宙深刻的理解，並找出方法來分享他一路所學——不僅是教育年輕人，對他來說，繪畫更是虔誠的修行。他祈禱、念誦、焚香來表示對作畫的尊崇，然後把療癒的能量注入其中。古代的傳統是把《心經》隱藏在療癒的護身符中。[20]岩崎加以延伸，畫作呈現出《心經》隱藏的力量，他把此經當作大眾法寶，獻給一切眾生。

蓮露墨水和敬虔的筆觸

岩崎的作品顯然植根於古代中國書法和國畫的傳統，筆觸會反映畫家的精神特質。他五十五歲開始正式學習書法，在寫經修行中找到創意的主要動力。寫經是《大般若經》（*Mahāprajñāparamitā Sūtra*）提到的十法行[5]之一。

> 依斯十法
> 福報不可思議。
> 如是一切殊勝善法，
> 利益一切眾生。[21]

---

[20] 日本的護身符通常是因為內裡的文字而有力量。

[5] 《大般若波羅蜜多經》卷573〈17 付囑品〉（大正7，963a11-19）：「於是佛告阿難陀言：受持此經有十種法：一者、書寫。二者、供養。三者、施他。四者、諦聽。五者、披讀。六者、受持。七者、廣說。八者、諷誦。九者、思惟。十者、修習。依斯十法受持此經。譬如世間一切草、木、華、果、藥等皆依大地；如是一切殊勝善法皆依般若波羅蜜多。如轉輪王若住在世七寶常現；甚深般若波羅蜜多亦復如是，若住在世三寶不滅。」

[21] 根據 K'uei-chi, *A Comprehensive Commentary on the Heart Sutra*, trans. Shih Heng-ching and Dan Lusthaus（Moraga, CA: BDK America, 2001），p.123，其他的九種修行是：供養、施他、諦聽、披讀、受持、廣說、諷誦、思惟、修習。

摩訶般若波羅蜜多心経
觀自在菩薩行深般若波羅蜜多時照見五
蘊皆空度一切苦厄舍利子色不異空空不
異色色即是空空即是色受想行識亦復如
是舍利子是諸法空相不生不滅不垢不淨
不增不減是故空中无色无受想行識无眼
耳鼻舌身意无色聲香味觸法无眼界乃至
无意識界无无明亦无无明盡乃至无老死
亦无老死盡无苦集滅道无智亦无得以无
所得故菩提薩埵依般若波羅蜜多故心无
罣礙无罣礙故无有恐怖遠離一切顛倒夢
想究竟涅槃三世諸佛依般若波羅蜜多故
得阿耨多羅三藐三菩提故知般若波羅蜜
多是大神咒是大明咒是无上咒是无等等
咒能除一切苦真實不虛故說般若波羅蜜
多咒即說咒曰
揭諦揭諦 波羅揭諦 波羅僧揭諦 菩提薩婆訶
般若心経

　　寫經，是正念抄寫經文的修行。在日本，寫經是從國家資助開始，努力使佛經廣爲流傳。光明皇后（西元七〇一至七六〇年）成立寫經局[22]，這種系統性的工夫使虔誠的人們熱心寫經，包括大舉裝飾經卷並製作經篋來保護珍貴的經文。[23]寫經除了公認是福行，在平安時代（西元七九四至一一九二年）更成了療癒或安慰逝者的虔誠修行。目前的研究甚至發現寫經可正面刺激大腦活動。[24]《心經》是傳抄最廣的經文。

　　寫佛的傳統修行也啓迪了岩崎，這種修行是專注描摹佛像或菩薩像，由空海大師創立，讓我們親自用身心去體會佛道，他教我們「繪出佛的形狀和形體，你的心便與佛同在，你便體現了佛的心。」[25]從這項教法直接、間接衍生出體現佛心的修行，自此在日本非常盛行。

---

[22] Ryuichi Abe, *The Weaving of Mantra: Kūkai and the Construction of Esoteric Buddhist Discourse* (New York: Columbia University Press, 1999), p.155.

[23] George Sansom, *Japan: A Short Cultural History* (Stanford, CA: Stanford University Press, 1978), p. 141.

[24] Tomoko Otake, "Sutra-Writing by Hand to Boost the Brain," in *Japan Times*, December 24, 2006. 她引述東北（Tohoku）大學教授川島隆太（Ryuta Kawashima）測量一千位老人的大腦皮質活動，發現寫經比其他一百六十種活動有更多的皮質活動。

[25] Manabe Shunshō, "Shabutsu" in *Anatadake no Hannyashingyō* (Tokyo: Shogakukan, 1990) p.129.

岩崎用日本墨水 ❻
寫心經

寫經和寫佛的禪修層面，點燃了岩崎創意的想像力，也燃起了他的療癒願景。我們細心審查「瞑想」這兩個漢字合在一起，便可描繪出岩崎端身正坐，放鬆四肢，安靜地寫著每一筆的情景。第一個字「瞑」，是目、日和六，第二個字「想」是木、目、心，禪修是穩定地觀照六根門，以通透觀照自心。二十年來，岩崎每天花數小時瞑想，造就了他的藝術。他的妻子非常支持，因為有了太太的支持，他便可維持有紀律的固定作息，以便好好禪修，因此他每落一筆，都灌注了對妻子的感謝。

我在岩崎的工作空間中，被他廣大的心和強大的想像力震撼了。他坐在地板上，在寬兩英尺、長四英尺的矮桌上作畫，這在日本是平淡無奇，不值一提的。我們開始細談他作畫的過程後，我發現許多作品並不合這張桌子的規格，如長五英尺、寬十一英寸的〈進化的壇城〉。岩崎看到我困惑地瞪著桌子，神色吃力，便自動說：「我捲起和紙（傳統日本植物纖維造的紙）❼。它這一端蜷曲在我的大腿上，另一端讓它落到桌子的另一邊緣之下。必要的話，我也把許多張紙放在一起。」他很謙卑地簡化了自己驚人的能力：眼睛雖只能看到巨大繁複圖像的一部分，卻能看出其中高度精煉的美學平衡。他承認：「最困難的部分是，像〈雷電〉和〈化野念佛寺：石佛墓地〉，我在紙上暈染了一些墨水之後，墨乾時，得小心不讓紙產生皺摺。」很顯然他在其中精煉了技巧，因為第二年，他開始畫一幅鉅作：十七英尺寬的〈大爆炸：$E = mc^2$〉，這幅畫延伸到六個卷軸，每一卷都是五英尺十一英寸高。

---

❻ 墨インク，是吳竹公司發展出來的一種非常光滑的水性顏料墨水，專業藝術家和業餘愛好者都適用。

❼ 和紙（わし）是日本以傳統技藝生產的一種紙的統稱，不同於洋紙。和紙通常由雁皮、三椏或紙桑的纖維製成，但也可用竹子、麻、稻稈和麥稈製成。

岩崎盡力運用他的書法技法來寫經修行，他六十三歲時，初發願心抄寫經文，將《心經》抄寫近兩千次，他的感謝及對一切眾生身心健康的關懷，從心中流到筆尖。他確定寫經會累積福德，這啓動了安詳、平靜、廣大的心，因此很容易與他人同頻。由於寫經，他體會到愈來愈多喜悅和溫暖，與人互動更加和諧，傾聽能力有所昇華，做出的抉擇也更有智慧。然而，待完成了巨大的慈悲修行，他又想：「一定還有更多可做之事。」心中就有了嚮往。他清楚覺知內心的痛苦，也知道從日常活動中學佛的人愈來愈少，於是他憑藉自己對經文的熟稔，創意地開發出

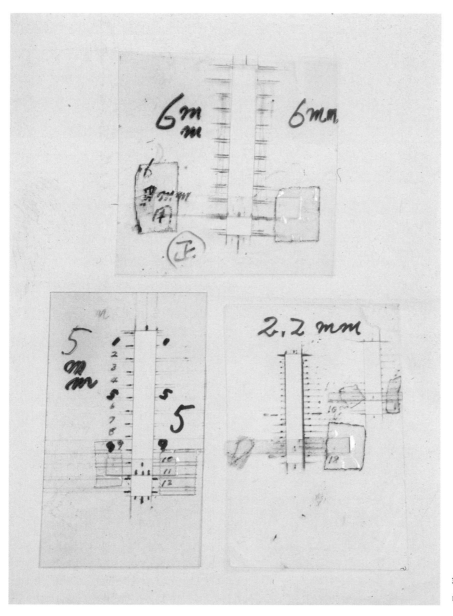

細密字
的模板

一種方法，讓人們從視覺上親近教法。㉖

　　岩崎七十歲時，開始將經文字體形塑成形象，以傳達經文的意義。這樣一來，他將寫經的瞑想修行加以延伸，以新的方向開始了微小字體繪畫的傳統。㉗嚴謹來說，這種微小的字體稱為「細密字」，可創造線條流動的效果。一般寫經的字體大小約十五毫米，細密字則在五毫米以內。岩崎大部分的畫作則喜歡二毫米、二又二分之一毫米，以及三毫米的字體。他做了毫米的模板記號，來確定每個字可維持一致的尺寸。他的謙虛具體可見，有時會咯咯輕笑自己的小小窘境，每一幅畫都有難度：「我沒法在完成圖像以前，完成一部經，也沒法在完成這部經以前，完成圖像！」因此，他甚至在紙上開始落筆之前，就必須計算圖像中每一個字體的尺寸。許多的測量非常錯綜複雜，他能構圖成功，不啻歸功於他的科學訓練，細節和計算都必須精確。他稱自己為「週日木匠」，他製造了一個放大鏡架，來幫助他看到每一筆小心計算出來的筆劃。他大部分的生命都花在顯微鏡下，因此非常熟悉在放大鏡下做微縮

放大鏡架

㉖ 岩崎常夫《般若心経を観る：細密字写経画入門》p.29。
㉗ 欲進一步了解日本佛教藝術的細密字傳統，請見Halle O'Neal, *Word Embodied: The Jeweled Pagoda Mandalas in Japanese Buddhist Art* (Cambridge, MA: Harvard University Press, 2018).

〈露珠：佛陀的
淚〉局部

工作，然而手能這樣穩定，精準寫出書法的筆觸，還是令人震撼。他跟
我分享了內心經驗：「寫這些非常細密的字體，我進入了一個只有字形
的境界，就好像打禪一樣。」

在數十次訪問中，我能夠聽到並觀察到岩崎作畫準備過程的許多細
節。他會把一舉一動都儀式化，創造出莊嚴的空間，因為他視繪畫為
修行，具有神聖和豐盛的意義。他認真地照管所有感官，端坐在矮几
前，放鬆，並在他的小腹力量源㉘扎根，左手腕上放著珍貴的念珠，

㉘ 根據東亞對身體的觀念，小腹力量源（hara）指腹部，身體核心的力量來源。

岩崎用自製的模板和
放大鏡架來作畫

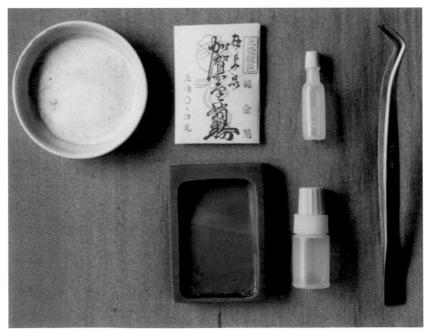

用純金墨水作畫的材料：瓷墨碟、
24k金粉、硯台、兩瓶液體、鑷子

點燃了香，深呼吸，合掌祈禱，微微鞠躬。空氣中瀰漫著香氣，他專注一心，念誦《心經》。

接下來，他專注地準備墨水。他用純淨的水來製墨，到深層次的地步。每年第七個月第七天的黎明，岩崎從蓮花中收集露珠，蓮花的純淨象徵著正覺。這是他慶祝七夕的個人儀式，七夕是宇宙之愛的星祭。在這一天，天神允許被銀河分開的兩個戀人相見。岩崎在這一天盡力收集蓮花上的露水來製作墨水，顯示他想將足以承受並跨越宇宙的大愛，注入畫筆。他領悟到，以愛來連結，正是解脫。

他取得露珠後，冷凍在一個個小容器當中保存，用上一整年。他也收集淨水，包括京都清水寺的瀑布、真言宗空海大師開鑿的井水，還有保護京都東北翼的聖山比叡山的河水。他準備作畫時，在特地為書法家雕磨的淺淺石硯中，倒入幾滴水——蓮露或淨水，手持墨條，按下去，從一汪水中點水，點到如絲一般平滑的石頭表面。溫柔、緩慢、有節奏地磨，輕輕的壓力會產出精細的溶液，同時他的心也與墨汁合而為一，這種穩定的自信和力量，產出滑順而且平均的墨水，這時，即使剛強爬上心頭，內心也可以柔順下來。

放大鏡架和模板放好了，他選用一支毛筆，通常是十根毫，有時少到只有三根毫。每一筆都必須提起覺知，如果寫錯，即使一個字，整幅畫就毀了，他不可能像油畫那樣，再回去修改或改變一個筆畫。國畫是當下的藝術。對他來說，每一筆觸都是療癒的禱詞。因此，如果他前一天晚上做了惡夢，也就是戰爭的創傷，他的畫作正可助他把創傷轉化為療癒，他坦承會有幾天很難作畫。

除了日本墨汁，他也用金粉和銀粉來作畫，這是非常難用的材料，難以馴服成精緻的線條。他需要顏色時，就用粉彩，在〈進化的壇城〉中尤為明顯，有時他會用拼圖的技巧，就像〈大爆炸：$E = mc^2$〉黑洞裡的八十個頭的龍。他也用厚塗，如〈法隆寺佛塔〉。岩崎掌握了廣泛的技術，驚人描繪出他從事的學科範圍：從傳統的佛教圖像學，到天體物理學、量子物理學和生物學等最新主題，畫法從攝影般精準的纖細寫實影像，到古典日式水墨畫都有。

岩崎有兩種不同的東亞傳統式印章，形式獨特，用硃砂鈐印，有時他只鈐一方印，但特別在大尺寸畫作上，他會用兩方印。一方印是他的姓名：岩崎常夫，另外一方印刻著他的筆名：萬里，代表他是公認的藝

落款與鈐印：
萬里淨書

術家，一里等於2.44英里，這個數字在傳統上顯示距離遼闊，恰如其分地預示了他在內心進行繪畫的距離，或許也預示了他的藝術視野。更具詩意的解釋是「四海爲家」，這暗示了他在這世界有賓至如歸之感，就像家人一樣。除了在每幅畫上鈐印外，他還用草書寫著「萬里淨書」，意指「四海之內都以清淨心來書寫」。這是儀式性的用語，表示他以敬意和感激來書寫《心經》。他寫這些文字就是他生命的表現。他向我透露，寫《心經》時，孤立感一時都消融了，與毛筆、墨水、和紙、圖像、時空無縫接軌。他的感激和尊重既深刻又純淨，承擔起體現《心經》教義的使命。他也說，同時還得照管身體的需要，畫完了，他會深呼吸並按摩眼睛。

岩崎從七十一歲到八十三歲，跨度十二年，遍及四千八百公里的五條朝聖道路上的兩百七十六座寺院念誦《心經》，對《心經》更熟稔了。他研習寺院和朝聖路線的歷史，一直上溯到八世紀，而決心用體力、時間和各種資源，來安排並實現朝聖之旅，這樣徹底拓展了他的宇宙觀。

岩崎無止境的好奇心和無所畏懼地追求智解，驅使他不斷提出大哉問。他這位科學家會問：「發生了什麼事？可以驗證嗎？」來磨練觀察的力量。他這位佛教徒會問：「我們如何止息痛苦？什麼是慈悲的行動？」經過畢生的研究和體驗，他的畫作就是他找到的答案。岩崎有科學家奇蹟似的精準，也有精緻的日本藝術家的美學，還有智慧和慈悲的佛教徒心靈，他運用創意的、認知的、修行的心智，把他所洞察的不二智慧，整合到世俗諦的科學觀點[29]。他的精神體現在每一筆觸中，他的存在也力透每一筆觸，有如一位科學家關注精巧細節和準確度。科學家的身分和佛教徒的身分兩者相互增上，展現他專一體現、並決心追求每一剎那的圓滿覺知。他畢生都在培育這些品質，在許

---

[29] 對近代佛教藝術家的分析指出：「創意心、認知心和修行心的共同基礎」。請見 Jacquelynn Bass, *Buddha Mind in Contemporary Art* (Berkeley: University of California Press, 2004), p.9.

多回朝聖之旅中磨練，岩崎看、嘗、觸、聽、嗅他所認知的究竟意義。這是他的畫作何以能夠拉你進入全感力 ❽，並揭示我們在周遭世界所尋求的意義。

縱使他寫了三十年書法、國畫並研讀佛教教法，他仍很明確地表示：自己不是「書法家、畫家，也不是佛教學者」，他強調書寫的品質對自己並不重要，因為他只是努力經由圖像來分享佛法。

> 我合掌時，感到覺醒的力量正在引導我。我作畫時，就好像在朝聖，「同行二人」❸⓪，有如我的手受到引導，而且夢和其他神祕經驗會給我靈感。這樣，我和一切眾生便連結起來了。

他把作畫當作禪修，向我們顯示：人若體驗到自己是相依相存的整體之內不可分割的一部分，他將會從什麼觀點來看世界。他的畫作示範了如何凝視露珠和宇宙。

敞開慈悲的心

岩崎和我在門庭若市的半田市中日文化中心，又有一個「一期一會」的片刻，加強了彼此的連結。我們聽畢松原泰道開示的禪法，會找個地方喝茶，在值得紀念、閃爍著智慧的對話中，我嘗到一點他內心運作的況味。他很快就跳入主題，他問我 —— 就好似問一個平淡無奇的問題 —— 我會怎麼畫黑洞？我毫無頭緒。他對未知

---

❽ sensorium 一字在醫學上原指（大腦皮層）感覺中樞、感覺、知覺、感（覺）圈、感覺神經中樞、腦的感覺、神志，因此常用來指意識或精神清醒的程度。

⓪「同行二人」指朝聖者走在四國的朝聖之道上，常感覺與空海大師同行，這位八世紀的佛教大師曾走在這條路上。

滿月照佛塔
(121 x 51.5 cm)

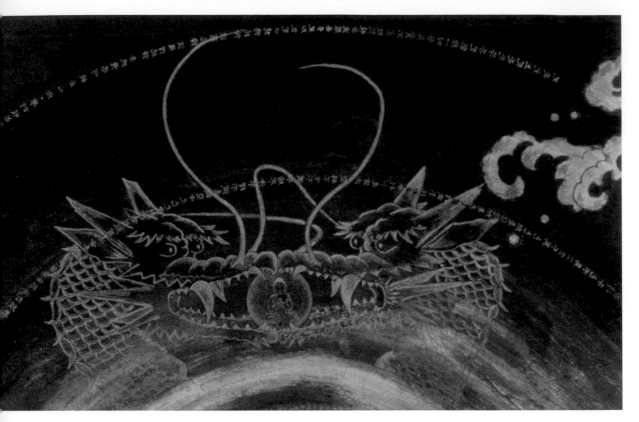

〈煥發的珍珠〉
金銀色版,局部

的想像和好奇心全力以赴。我們的討論轉入了探討《心經》最知名的句子:「色即是空,空即是色」的意涵。共同的脆弱感常讓我們一起分享祕密,我們彼此都同意,認爲這個教法優雅地表達了科學方程式 $E = mc^2$。一旦發現我們有同樣的想法,彼此都充滿了喜悅,於是開啓了安全的通道,往後我們一直都能用高度的互信和理解來溝通。

我基於我們的交情,又深受他的解說吸引,便對他《心經》的視覺論作 ❾ 展開瞑想,我們倒沒有明顯談到特定的重點,但我從我們的對話來推測他的原則和洞見,融入我的繪畫分析。有許多專業科學家——進化生物學家、生化學家、神經科學家、量子物理學家、天文物理學家、數學宇宙學家——幫助我領會岩崎的畫作中特定現象的意義。在本書的第二部,我專門探討八個交織在岩崎作品中的主題,每一主題雖未彼此分隔,卻都呈現岩崎豐富科學知識背景下佛教對療癒的願景:互即互入、流動、涵育、寬恕、供養、覺醒、嬉戲、繁盛。

---

❾ 佛教中,解析「經」的稱為「論」,這裡指岩崎以視覺造論,解析《心經》。

岩崎除了在療癒願景中織入蓬勃活動，還悄悄地想像了一個世界，在其中，他願畫中的禱文，化為療癒香膏。岩崎的畫作捕捉到二次大戰後社會潮流中微妙的脈搏，從微觀、日常和宇宙維度的體驗找出意義。他帶著冒險精神和承諾，通過科學的發現，打開了既富感召力又微妙的領域，這些科學發現刷新了「我們認為自己是誰」「我們身處哪裡」以及「我們認為對生存至關重要的又是什麼」。岩崎的繪畫並不標舉獨存的實體，而是吸引我們關注於過程、運動、共同的能量、轉化和當下的美麗。他的藝術作品呈現了我們之間無形的連結，並示範如何感覺一切色法中無形的空。他的畫作教育了感官，引導心進入高階的解放，文明在該處調和了各種衝突。他的藝術打開無限想像的眼界，激發我們的創意，解決了一般直接透過認知能力無法解決的問題。岩崎在日本佛教藝術中不斷發展，為我們提供了色法的形式來連結究竟實相。因此，他轉

候鳥
（115 x 70 cm）

蛙與柳（76 x 17 cm）

化了我們生活於其中的世界。㉛

　　我鼓勵你一路以有創意的方式觀賞畫作，我會不時提出問題，同時也提供自己的詩、我翻譯的蓮如上人➓、西行法師⓫的詩，供你沿途思索。有時你看一幅畫時如寤似寐，彷彿在白日夢中，影像在聚焦和散焦之間出入。去感覺一幅畫的節奏，有的奔忙飛翔，有的慢下來，拉長時空，因為你的認知放大了。請試驗你的眼界，每看一幅，都注意節奏和情緒的改變。你運用分析的心時，請思惟特定影像的意義。反思用同樣的字形成小如夸克、大至宇宙的影像，有何功德和意義。從潛在的形而上意涵，能獲取什麼樣的洞見？去探索每一圖像的道德意涵，也在生命裡測試《心經》教義的療癒力量。

　　這樣，想像你會用《心經》字體的調色盤畫成什麼形象，去找到這些畫作打開慈悲之心的方法。

㉛ Susanne Langer explores how art functions in society in *Problems of Art: Ten Philosophical Lectures* (New York: Scribner, 1957), p.131.
Masaharu Anesaki expounds on the concepts embedded in Japanese Buddhist art in *Buddhist Art in Its Relation to Buddhist Ideals, with Special Reference to Buddhism in Japan: Four Lectures Given at the Museum* (Boston: Houghton Mifflin, 1915), p.30.
David Morgan explains the transformative power of art in *The Sacred Gaze: Religious Visual Culture in Theory and Practice* (Berkeley: University of California Press, 2005), p.33.
➓ 蓮如上人是古日本室町時代淨土真宗僧人，本願寺中興之祖。
⓫ 西行法師（1118-1190）是平安時代末期至鎌倉時代初期的武士、僧侶、歌人。

【第二部】
看見慈悲的智慧

我用細密字在畫中寫經，是希望你能見法、見佛。

我非常感謝自己能安住在經文的心要。

同時，現代人在忙碌中迷失方向，心恆放逸，

我祈求他們注視這些畫作時，能感受到解脫和慈悲。①

——岩崎常夫

①岩崎常夫《般若心経を観る ：細密字写経画入門》p.33。

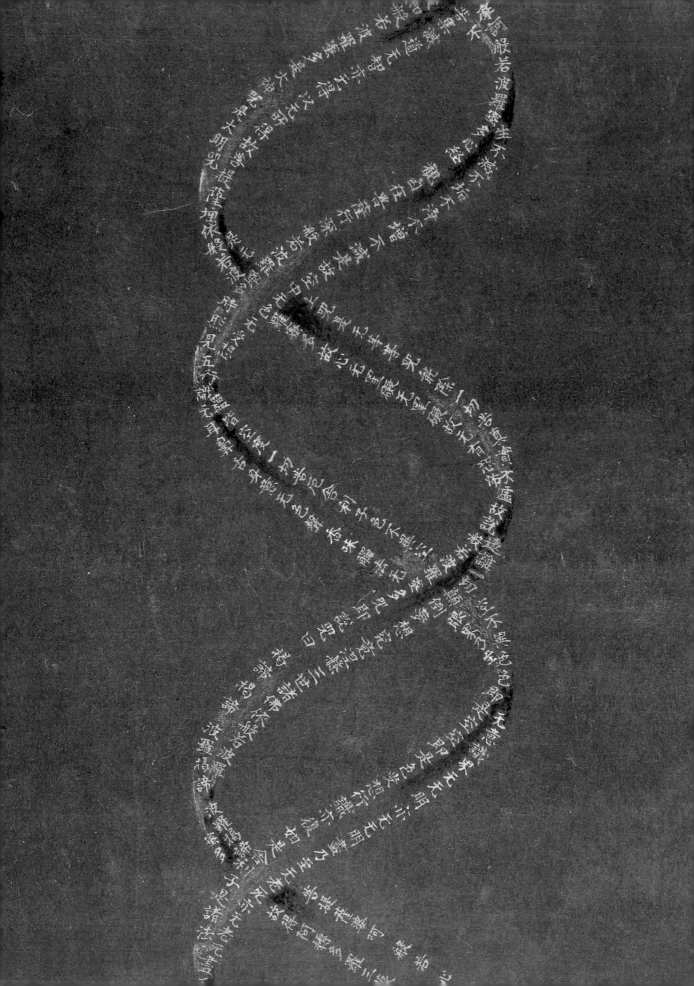

互即互入

DNA (30 x 27 cm)

我是誰?

　　岩崎將雙螺旋放大,看似堅固的雙螺旋融入《心經》閃閃發光的金色字體,這是密碼,意味著一旦體現出智慧,就能產生無數善巧的慈悲心行。午夜藍的背景令人聯想到深度的虛空,而DNA處於廣大無盡的宇宙中。岩崎將DNA描繪成微細的多孔模式,背景是深色墨水的筆觸,展現了體量而非堅實的固態,由此表達出DNA的空性。隨著字體的移動,我們的目光也被雙螺旋的攪繞和交錯吸引。如同法藏的金獅一般──就是引言中討論過的獅子像,形相即是色法,金屬的可變性即代表空。金色的DNA是視覺隱喻,象徵科學圖像的無實性和無常性,延伸來說,我們對實相的世俗認知也是如此。

　　一切我們所知的生命形式都依賴DNA,每一組DNA都包含著生命的基本資訊,細胞透過DNA來傳遞其基因密碼已經超過了三十億年。DNA啓動、傳遞、複製的資訊,大幅決定了我們生命體驗的形式和覺受。每一個有機體的DNA都獨一無二,使得有機體能夠以極其豐富的方式來經驗生命,進而強化我們多元而有創意的生命之網。DNA也是我們通往過去的入口站,使我們能與過去曾經協助生成和養成細胞的先人連結。DNA也能預示未來,雖然精準度有限,但仍然能一瞥未來。透過一段DNA的分析結果,可以昭雪一個人的清白,也可以判定一個人的罪行。DNA甚至可以發現並重建人與人的連結。

　　岩崎精準的觀察,讓DNA畫作忠實表達了雙螺旋的不對稱性,但他並沒有畫上鹼基對的序列,那是讓每一個人各各不同的關鍵。他告訴我,只畫兩個DNA鍵骨架的原因,是要凸顯各種生命形式的共同性。他不畫鹼基對,強調了DNA的共同形象,從細菌到藍鯨,大家都一

樣。岩崎的DNA畫作引導我們想像：這個DNA可以是蒼蠅、花、瀕臨絕種的老虎、癌細胞或是我們的母親。

岩崎進一步深入色和空的互動，以敏銳的觀察，汲取法藏對《心經》的論說，畫出了大膽的宣言。法藏這麼說：「《心經》是一把照亮暗路的巨大火炬，一艘帶我們度過苦海的快舟。」②他在右下角畫了暗濁的線條，象徵苦海的此岸──生死輪迴，在左上角畫了光明的金線，表現正覺的彼岸──涅槃。岩崎告訴我，畫DNA於兩岸之間，代表我們的身體是從苦難到正覺的車乘。他對我們色身的細胞觀點，讓我十分讚嘆，許多人將身體當成執著和痛苦的來源，岩崎卻運用以《心經》為密碼的DNA來表達布施、持戒、安忍、精進、禪定、智慧這六度必須身體力行。智慧只有透過色法，才能把慈悲的療癒力量引入生命。

依生態界的觀點，生物圈中萬物徹底相依相存，佛法中也強調一切相互依存，岩崎將兩者融合為一。無論是以科學觀點來理解生物過程，或是以佛教徒來理解「空」，DNA跟每一個影響它的因緣都相互連結。DNA顯示出一種深刻的共同性，用佛教詞彙來說，其中蘊含同理心，生起慈悲心。岩崎的作品，超越了社會建構起的分別心──把漠視、剝削、傷害視為合理的分別心，而形成了一種倫理道德的推力。

他的DNA畫作展示了一切生命的共享之物。DNA跨越數十億年，聯繫所有生命形式，是相依相存的紀錄。它證明我們不是獨立實體。人類與古代細菌、稻穀、櫻桃樹、蝴蝶、狒狒和青蛙共享DNA。我們每個細胞都包含著相互依存的生命網密碼。這種生物學現象與《心經》中相依相存的教義是一致的。岩崎在其他畫作中以奔流的水、漩渦的星球、耀眼的光線來彰顯《心經》的智慧，在這幅畫裡，以《心經》畫成DNA，岩崎展現了引人注目的獨特細微觀察。DNA是生命密碼的核心，《心經》則是啟蒙的有力編碼，岩崎的訊息是，經典中傳授的啟蒙智慧代碼已嵌入到生命的代碼中，體現在每個活細胞中。③他的《心經》DNA表達了相互依存的生物面，解脫智慧的本質有如細胞，智慧的傳遞也是一種基本的生命活動。我們都有佛的DNA編碼。

---

② 見 Red Pine, *The Heart Sutra: The Womb of Buddhas* (Berkeley, Counterpoint, 2004), p.27.
③ 岩崎常夫《般若心経を観る：細密字写経画入門》p.35。

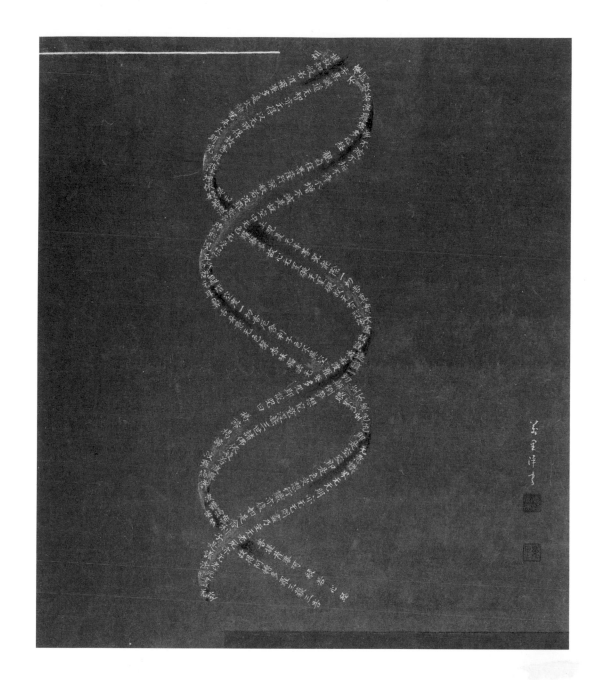

　　然而，哪一個基因會被表達出來？有賴無數的主因、助緣，還有當下的業行。岩崎的畫作展現他探索這些問題的旅程：我們如何圓滿表現佛的DNA？我們如何啟動正覺的密碼？

進化的壇城 (180 x 180 cm)

誰是我的家人？

雷電的後裔，
宇宙初創產生的氫原子充滿我的肺。
恆星爆發的鐵跡穿越我的靜脈。
海星的再生能力激發了我的創意。
兩棲動物冒險的勇氣加快了我的步伐。

從草履蟲和銀杏樹生出，
我的曾曾祖父是阿米巴，
我的祖母是櫻花。
我會成為雨。

　　岩崎花了兩年的時間繪製〈進化的壇城〉，畫出他對正覺的願景。它探究緣起的因緣和空的本質，「我的祖先是誰？」這個問題啟發了他。這座壇城就是他的答案。他向我解說這幅畫，從自己或觀畫者開始，想像成一位沉思中的朝聖者。每位父親都以一尊白色佛像代表，每位母親則以紅色佛像代表。一組父母，兩組祖父母，四組曾祖父母，這樣追溯三十代，總數便超過十億。這個數字清楚地告訴我們，「人類有如一個大家庭」，不僅是比喻，在生物學上，我們真的彼此相互關聯！這種崇高而廣闊的家譜世系，可連續延伸擴展周界，把小行星、蛋白質分子、變形蟲、草履蟲、軟體動物、海星、兩棲動物、樹蕨、恐龍、瑪蘇貝、針葉樹、靈長類動物和櫻花都包括進來。它展現出我們的太陽將膨脹成紅巨星，最終成為行星狀星雲，釋放出能量，形成新的色法，甚

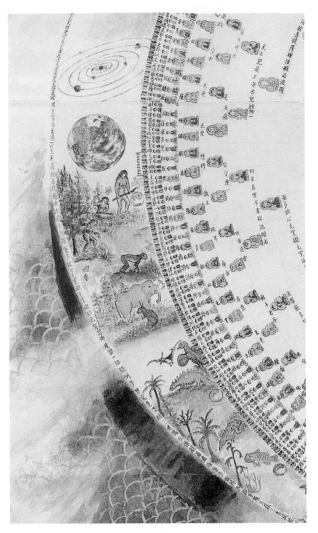

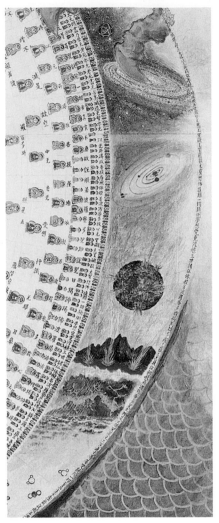

兩棲動物、恐龍、銀杏、靈長類、櫻花、太陽系
（〈進化的壇城〉局部）

複雜原子、小行星、雷電、分子
（〈進化的壇城〉局部）

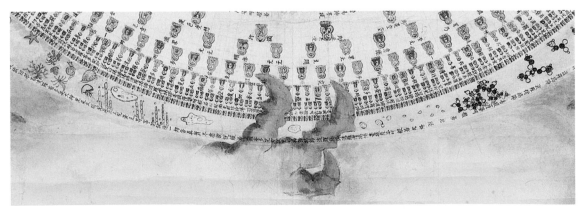

複雜分子、阿米巴、草履蟲、海藻、軟體動物、海星
（〈進化的壇城〉局部）

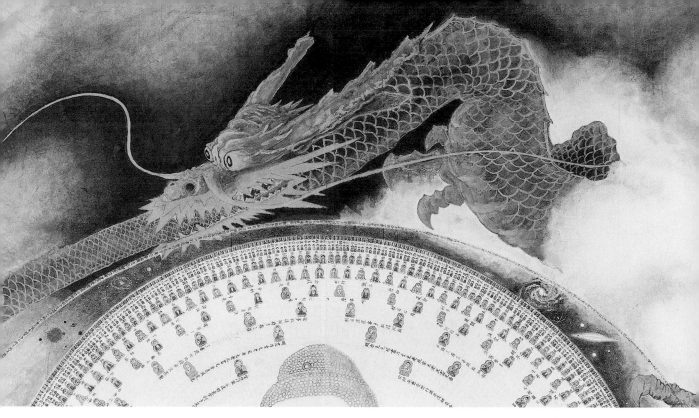

至有一天，氫原子也可能形成恆星。

他書寫的《心經》從主佛母開始，經由主佛父，然後依次將整篇經文編織進壇城所有的圖像，意味著一切都流動著相同的能量。為了強調「色即是空，空即是色」，他刻意將這段文字放在一位瞑想之觀畫者的父母的兩側，說明我們由「色」和「空」出生，我們都是佛的苗裔。岩崎不贊成某些佛教經文所說，只有男身才能獲得正覺或往生淨土。他用紅色佛像代表每個母親，將數百名女性佛像放在了阿彌陀佛的慈悲注視下。岩崎用這種方式設計勝義的壇城，展示了不二智慧，並強調在道德上理解空和色法的本質何其重要。他把「色即是空，空即是色」的教法放在畫中央的水平軸上，來標誌這種智慧是中心，在一群文字都以圓周運動在旋轉的同時，這是唯一水平的文字。為了傳達能量並不一定沿線性或單方向流動，他的《心經》朝著順時鐘和逆時鐘兩個方向交叉進行。

阿彌陀佛以安靜的輪廓出現在壇城中央，呈現出溫暖。諸佛之中，人們常求助於阿彌陀佛，就像孩子向父母求助一樣。人們感受到這尊佛的仁慈而心生感動，口中經常讚嘆阿彌陀佛。岩崎身為科學家，選擇了阿彌陀佛為〈進化的壇城〉的中心，因為這尊佛是無量光佛，光就是能量。

〈新壇城〉
（80 x 70 cm）

　　岩崎很歡喜地給我看一張剪報，驅使他重畫整個三十五平方英尺的畫作。他曾經將整個壇城畫在懸浮於太空中的一片葉子上，後來讀到報紙上介紹希臘銜尾巨蛇，一個無窮無盡和完美的象徵，他就決定增強繪畫中能量的動態流動。他把銜尾蛇的象徵，轉化爲金龍環繞著壇城。巨龍被尊爲護法，是智慧和慈悲的療癒。龍口吞入自己的龍尾，指出《心經》的教法無始無終，無生無死，不斷產生轉化，將一切眾生融入宇宙之蛋 ❶，在慈悲的子宮中渦旋。

　　岩崎和我談了對這幅畫的反思，認爲人、動物和植物之間難以區別，因爲我們都是碳、氫、氧、鐵和氮的不同組合。然後他問了一個問題：「如果你的祖先是整個宇宙，什麼儀軌可以幫助他們達到療癒和正覺？」

色即是空，空即是色（〈進化的壇城〉局部）

---

❶一九二七年，比利時天文學家勒梅特獨立研究出了類似物理學家桑恩的膨脹宇宙說。由於宇宙一直在膨脹，所以它在過去某一時刻的體積非常小而密度非常大，這被稱爲宇宙蛋。他還提出，宇宙一直在膨脹，並且是從過去的一次超級爆炸開始的。今天的星系就是宇宙蛋的碎片，而星系相互退行，就是很久以前那次爆炸的回波，但是該理論仍有許多不清楚之處。

流動

那智瀑布 (96 x 28 cm，一九九○年)

我如何能像水一樣流動？

　　岩崎告訴我，他在著名的西國三十三所觀音靈場 ❷ 的朝聖之旅中，經過那智瀑布。他站在瀑布前方，感覺到迸湧的水有一股力量 ④，便想到畫一道生機蓬勃的水流打在岩石上，飛濺成了波浪、水滴和霧雲，來描繪朝聖的體驗。這強而有力地顯示了能量之流，不斷流動變遷，不同的能量流在我們眼前舞動，形成現象世界。這是水自由流動的視覺經典，訴說著無常。畫中一個微小的人影注視著壯觀的水流，表示人也在這瞬逝無常之間，雖然人往往難以把自己看成如水一般的液體。水隨著水流的狀況，順暢地流瀉，一路不擔心來自何方，也不擔心去向何方。岩崎希望流動的《心經》佛畫，能夠幫助人們在凝視深山瀑布時，也能體驗智慧的流動。

---

❷《法華經・普門品》第二十五敘述，觀音菩薩以三十三種姿態現身世間，聞聲救苦。西國三十三所觀音靈場起源於養老二年（西元七一八年），大和長谷寺的德道上人因病陷入昏迷時，見到了閻羅大王現身，給了上人三十三個寶印，而甦醒過來，後在近畿地方的三十三個佛寺設立了札所，並把寶印埋在中山寺。

④ 這個瀑布是那智瀑布（那智の滝），位於和歌山縣，有三百公尺長。

露珠：佛陀的淚 (100 x 17 cm)

我在運動中激起什麼漣漪？

一顆露珠，撲通
滴入泥塘，喚醒
一圈圈不斷的漣漪

露珠展示著倏忽之美和相依相存的精髓：這一刻在燦爛的陽光下閃爍，下一刻又融入渾濁的池塘。也許我們會被露珠無所畏懼的優雅吸引，因為我們都經歷過水 —— 我們的生命線 —— 的轉化旅程。同樣地，就像每滴露珠產生的漣漪都會擴散到池塘最遠處，我們的每一個心念和行為引發的瀑流都會超出我們的控制和意識。儘管我們不可能知道自己的行為會導致什麼後果，但卻知道它們的影響會深入宇宙，所以每個選擇都有其意義。岩崎的選擇是用《心經》注入露珠的層層波動，請我們想一想，應如何隨處散發「紓解痛苦」的漣漪。

雨落 (41 x 31 cm)

我的淚珠滋養著什麼？

天雨，
淅瀝淅瀝響著「空」，
滋養著花朵。

竹 (110 x 28 cm)

禮拜在何時展現力量？

大自然教心如何觀察。
竹常綠，
教心
要堅強，
要在風中彎腰。

如果你不明白
竹子柔韌的力量，
又如何能理解佛經？

雷電 (84 x 61 cm)

什麼助你恢復平衡？

　　烏雲聚集，天空隆隆作響。烏雲密布的底色襯著雲朵到地面的閃電——連接大地和天空的強大電流，強而有力地表達瞬間即逝的短暫。在平均三十微秒的持續時間內，可以釋放十億伏特的電力，雖然僅在瞬息之間，卻恢復了大氣中電荷的平衡。雷擊的因緣是特定的，而且瞬息萬變。它們揮舞著無法預測、濃縮的力量。事實上，可能是一道閃電撞擊原始潮汐池中複雜的分子，而形成地球上的生命，於是我們躋身電空的譜系。

　　畫作右下角有一個人正在沉思，反映出人類也在體驗快速變化的因緣。許多人都經歷過令心碎裂的宏亮雷電之聲。震攝的力量發出令人目盲的閃光，在我們心中烙上驚恐的影像，撕裂了生命這塊織布，我們既無法視而不見，也不能重頭來過。痛苦如燃油，燙灼了我們的深層意識，原始情緒因而翻攪，愚癡為之焚燒。有智慧和安忍的人面對這樣的苦難，顯然會找到一條通向覺知的道路。其他人也曾經歷，因為他們眼底深處有痛苦的痕跡，他們凝視周遭世界，有體解的溫柔、靜默的力量，還散發出實相表層風暴之下的平靜。

　　但如果一個人在閃電時沒有智慧，那麼貪、瞋、癡的熾熱痛苦將持續困擾著自己和他人，難以轉變為平等心和慈悲心。岩崎用《心經》的文字來表現閃電，不僅把注意力引導至因緣條件的起伏波動和相互依存的本質，還包括了未被實相喚醒的後果。

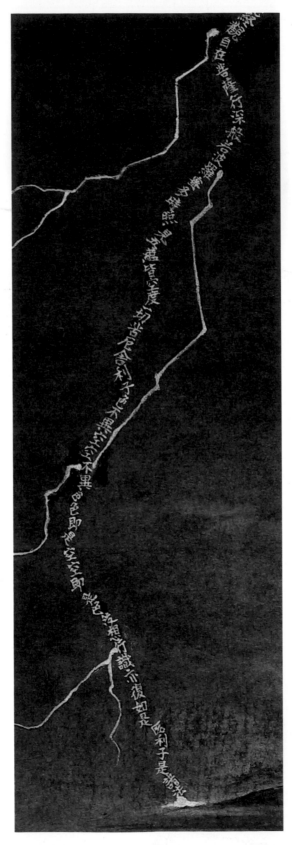

〈雷電〉局部

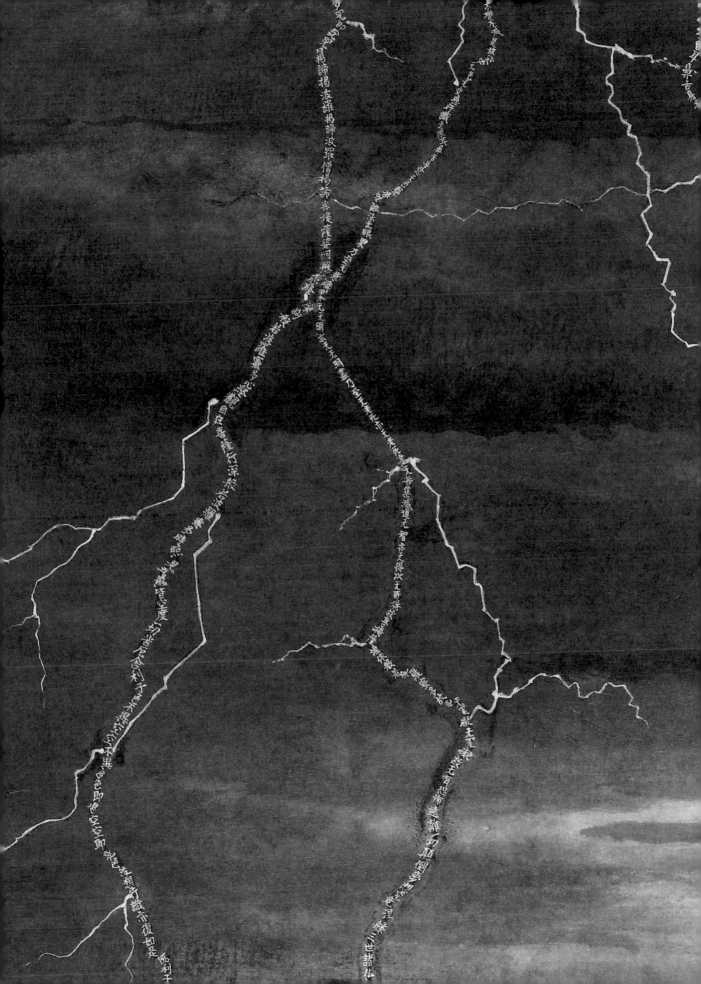

涵育

慈悲的漣漪 (40 x 26 cm，一九九三年)

我如何被愛環抱？

　　藍色簇擁著一列划水的小鴨，向後看的母鴨散發出《心經》漣漪來護航，母鴨護持著牠幼小而脆弱的隊伍，消弭牠們的恐懼，照顧牠們的成長。岩崎在〈慈悲的漣漪〉中展示親子關係的慈悲面目。岩崎每每想到不是每個人都認識這種慈悲，便心痛不已，他寫出內心的痛：「多麼悲哀，活在一個失落的時代，在一個父母弒殺子女、子女弒殺父母的時代。」這幅畫是一闋慈悲的禱詞。每一次親密的連結都澆灌了慈悲的種子，慈悲會產生激勵和強大的能量。當父母以慈悲滋養子女，就體現了慈悲。當我們體驗到宇宙是廣大相依相存的網絡，我們都是父母，也都是子女，痛苦便止息了。

慈悲之母 _(115 x 20 cm)

我如何涵育慈悲？

聽聞哭聲，
傾注療癒，
消融愚癡，
擁抱
子宮裡的眾生。

《心經》的藥
需要時請服用。

　　慈悲之母，她的慈悲是從愚癡的枷鎖中解脫的。她經由不二的智慧，認知到身、心的五蘊沒有天生本具的實質，且無量無邊。一聽聞世間哭聲，什麼都阻擋不了她在慈悲的子宮中擁抱每一眾生，我們有了色身，就啟動了慈悲的力量。〈慈悲之母〉盡情灌注《心經》之流，這是解脫無明和減輕痛苦的良藥。

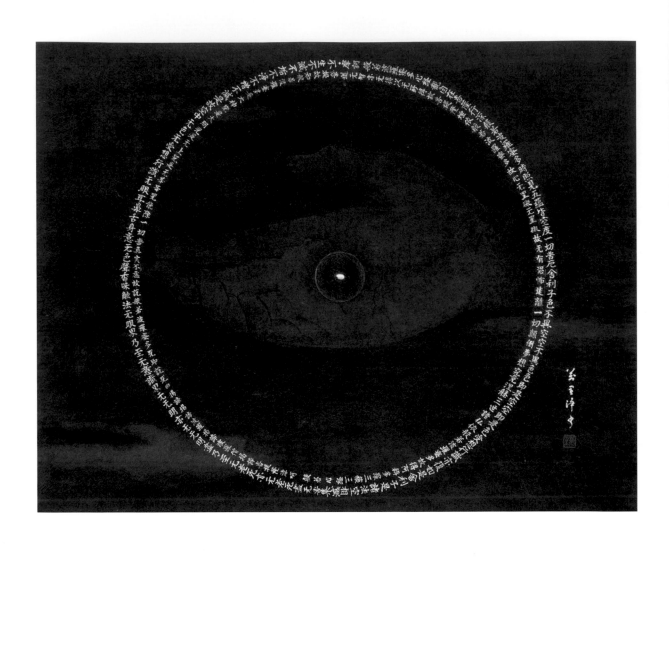

米粒 (41 x 32 cm)

誰滋養我？

　　岩崎記得在第二次世界大戰嚴格的食物配給期間，母親是多麼珍惜每一粒米，於是描繪她溫柔微彎的手，柔和地捧著一粒米粒。他畫了《心經》的日冕，環繞她蟬翼般的手，請我們崇敬生命輪迴所依賴的珍寶。

　　我們也可將畫中的手看成自己的手，提醒我們要滋養自己，並珍惜支助生命的一切。思惟需要無數因緣才能將一粒米送到我們的手中：其他的手種植並收穫稻米、富於營養素的泥土、雲層聚集、雨水落下、太陽提供溫暖。畫中的手飄浮在黑暗之海上，促使我們去思惟這一粒米形成的宇宙因緣：一百三十五億年前形成的氫原子及星球爆發的強熱，形成了礦物質，還有重力使我們的星球環繞在太陽的軌道上，提供我們適合稻米生長的氣溫。我們若要獲得維持生命的米粒中的營養素，必須靠著許多微生物來消化我們的食物，我們同時又餵養了它們。若深思我們體內強大的微生物群，便可增強互即互入的覺知，並消除「自主的我」的概念。然而，我們作為整體的一部分，當貪心和愚癡釋放到空氣、水和土壤中，食物便飽受困擾。當我們將這些有毒物質注入環境和農業，我們便在自己的食物中種下疾病和癌症的種子。有些也將由後代收穫。我們若要確保代代相傳的稻米無毒，就需要無量無邊的慈悲。

當我們面對一粒米的整體因緣，便更能看到整個宇宙是因緣所生。每吃一口飯，都會細膩感恩宇宙以廣大的營養周期滋養我們。感知到這一點，就感知到空的智慧，也就是覺知到日常體驗其實就是勝義。我們若領會一粒米的圓滿，便可嘗到完整的正覺。

〈米粒〉局部

不生不滅不垢不淨不增不減是故空中無色無受想行識無眼耳鼻舌身意無色聲香味觸法無眼界乃至無意識界無無明亦無...

是大神咒是大明咒是無上咒是無等等咒能除一切苦真實不虛故說般若波羅蜜多咒即說咒曰揭諦揭諦波羅...

幼佛 _(115 x 20 cm)

智慧如何誕生？

身體的影子
烙印在石梯，那陽光照耀
廣島的清晨

守衛和平紀念碑
幼佛
留在放射性的瓦礫中

多少佛必須死去
我們才學到
每一誕生都是
佛的誕生？

　　岩崎用《心經》來禮讚佛的誕生，溫和地鼓勵我們所有出生的人，都要消融有毒的恐懼，並以慈悲回應世界的哭泣。廣島和平紀念博物館展示著全體人類都亟需慈悲：一尊幼佛像，在原子彈轟炸過後的焦黑廢墟中。蓮花從幼佛生出之處開花，滿月在天空照耀，兩者都象徵正覺，也就是用《心經》的教法來生活而證得的正覺。唱誦著《心經》結尾的咒將「形成一個子宮，我們在其中，將重新誕生，成爲佛」。⑤

---

⑤ Red Pine, *The Heart Sutra*, p.16.

佛塔的朝聖之旅 (220 x 140 cm)

我到哪裡尋求療癒？

　　佛塔是印度浮屠的東亞建築變體，也是為佛陀而建的拱頂聖物。法隆寺的五層佛塔在奈良的景觀中居高臨下，已有近一千四百年的歷史，是世界上最古老的木造建築。在西元六〇七年，聖德太子（五七二至六二二年）為圓滿父王的發願，委任建造一座藥師如來寺院的原始建築。現存最古老的《心經》版本，可能是西元八世紀之際，以悉曇文字寫在棕櫚葉上，就保存在這個寺院。⑥

　　岩崎奉獻了八年歲月的虔誠修行，用《心經》來建造佛塔，他多是用十一、十七或二十一遍經文來寫就。⑦這幅巨大的卷軸，是這一系列的亮點，用三十遍的經文建造了一座佛塔，一共是八千兩百八十字。這不可思議的藝術絕技，運用了數學的嚴謹，岩崎精確計算每一字體的大小和位置，因此能保證佛塔的形象和經文的文字會用同樣的筆觸完成。

　　佛法修行可以療癒由獨存感生起的愚癡，獨存感會引起孤獨、產生恐懼、驅動憤怒。究竟的療癒，便是止息煩惱所產生的痛苦。有許多修行方法都可淨化禁錮內心的三毒，朝聖之旅便是其中之一。在淨化內心的旅途上，畫中前景的朝聖者來謁佛塔中藥師如來的智慧，尋求療癒。

---

⑥雖然一般認為《心經》出現於西元六〇九年，F. Max Müller的研究卻展示強力的證據，即此經出現於八世紀，請見其著作 "The Ancient Palm Leaves Containing the Prajñāpāramitā-Hridaya Sūtra and Usnisa-vijaya-Dhārani (2-59) and Georg Bühler's remarks in "Palaeographical Remarks on the Horiuzi Palm-Leaf Manuscripts" (63-95) in *Buddhist Texts from Japan*, vol. 1, pt. 3 (London: Oxford University Press, 1881), p.64.

⑦以細密字的漢字經文書寫而成的佛塔的其他討論，請見O'Neal's《*Word Embodied*》。

從建築而言，正覺之道從最低一層盤旋到最
高層的證悟，由頂端的環狀勾畫顯示。正覺
的究竟目標，並非在色身，佛塔頂端之上一
片開放的空闊，其背後的山峰甚至更爲高
聳，這提醒了我們，內心無限的智慧甚至可
超越象徵智慧的寺院、影像和經文。我們對
實相的認知，無不受限於自我的認知，這位
朝聖者如能從中解脫，便可療癒，並用慈悲
來緩解痛苦。

〈佛塔的朝聖之旅〉局部

PAINTING ENLIGHTENMENT

寬恕

水子 <small>(120 x 35 cm．一九九七年)</small>

我出生以前是誰？

　　岩崎的作品〈水子〉之所以能體現出改善親密關係的藝術力量，是因爲秩父山體驗觀音朝聖之旅的經歷，在他心中留下了痕跡。七百多年來，觀音聽到了無數朝聖旅人的呼喊，道路上鋪著人類在各種苦難中流下的眼淚。地藏菩薩以協助旅人（包括輪迴六道的旅者）而聞名，朝聖者在三十四座觀音寺院中念誦《心經》時，都會受到守護。

　　岩崎向我回憶那一刻。他正在鬱鬱蔥蔥的秩父山脈上迴迴轉轉，目睹了成千上萬罩著紅衫的地藏石像。紫雲山地藏寺雖然不屬於傳統的朝聖路線，卻因這些地藏像而聞名。儘管在日本各地的寺院中都有水子儀軌，但遠近的人們都紛紛到這座山腰環抱的寺院作儀軌。水子是日語口語，表示死胎、流產或墮胎的胎兒。人們（主要是女性）爲紀念水子而捐贈一尊地藏菩薩像。他們會爲每一尊石像供養各種玩具和糖果，來照顧他們的水子，並感謝地藏菩薩溫柔地導引最年輕的旅人。岩崎在各方傾注的供養中，感受到那一片相互尊重和療癒的環境中，有一種椎心的悲痛，感動之餘，他也獻上慈悲的祝禱，願孩子回到原始水域，在吉祥的環境中投生。

　　當岩崎從朝聖之旅回到家中，《心經》引導他更深刻感知「互即互入」。請注意，在〈水子〉中，慈悲之水並沒有如其他畫作那樣，從觀音的淨瓶傾瀉出來，《心經》反而倒流回淨瓶中，因爲字體是顛倒的，而且從下而上，水子被子宮般的泡泡保護著，升起、進入觀音淨瓶，成爲慈悲甘露。這大膽又非常有力的畫作，顯示了超越生死的愛，也就是大悲心。

水子儀軌中的智慧，是把療癒嵌入生死輪迴，創造一個安全的環
境，有如子宮，盡情地滋養我們。岩崎的畫作把我們送入儀軌的空間，
內心重新得到充實，安慰了失去無辜生命的失落心靈，讓我們不會生起
僵化的想法和尖銳的批判。他的畫令人感知生死的潮起潮落，激勵我們
生起慈悲，而且看到無形的連結，並獲得療癒。

〈水子〉局部

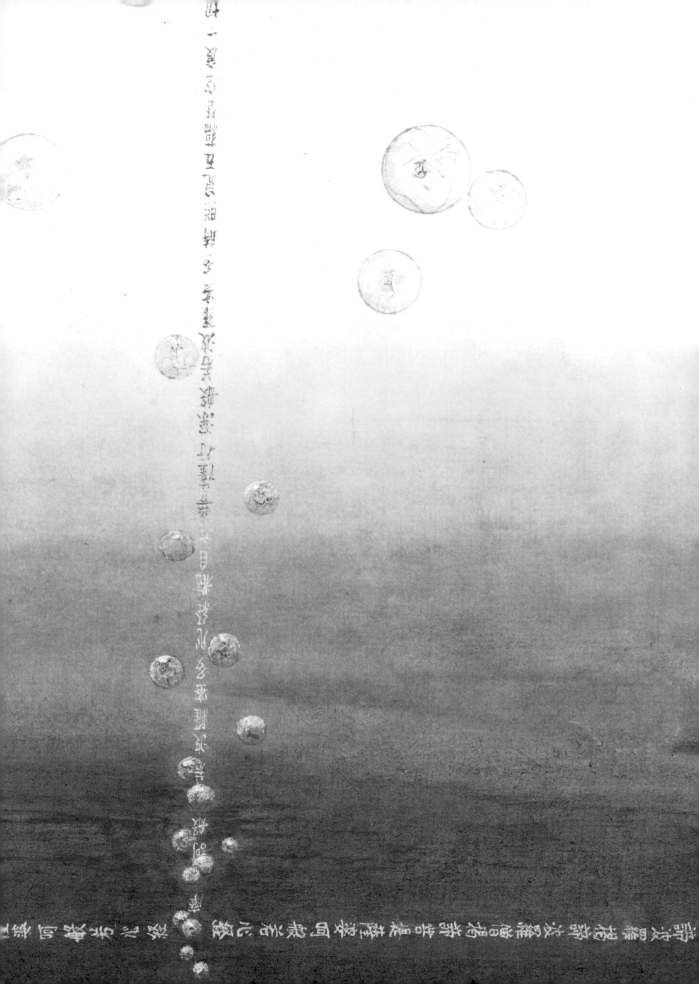

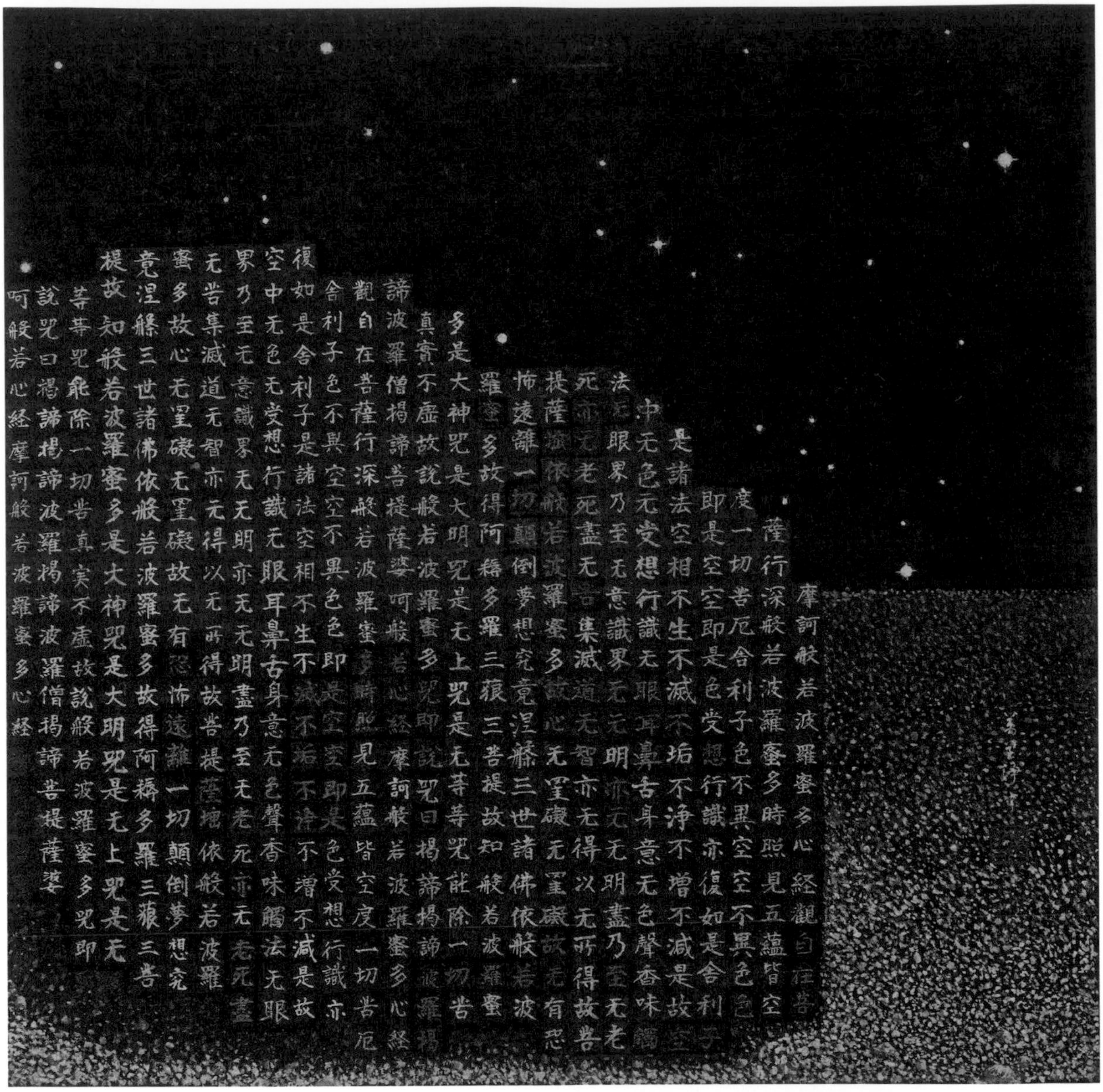
摩訶般若波羅蜜多心経觀自在菩
薩行深般若波羅蜜多時照見五蘊皆空
度一切苦厄舍利子色不異空空不異色色
即是空空即是色受想行識亦復如是舍利子
是諸法空相不生不滅不垢不淨不增不減是故空
中无色无受想行識无眼耳鼻舌身意无色聲香味觸
法无眼界乃至无意識界无明亦无无明盡乃至无老
死亦无老死盡无苦集滅道无智亦无得以无所得故菩
提薩埵依般若波羅蜜多故心无罣礙无罣礙故无有恐
怖遠離一切顛倒夢想究竟涅槃三世諸佛依般若波
羅蜜多故得阿耨多羅三藐三菩提故知般若波羅蜜
多是大神咒是大明咒是无上咒是无等等咒能除一切苦
真實不虛故說般若波羅蜜多咒即說咒曰揭諦揭諦波羅揭
諦波羅僧揭諦菩提薩婆呵般若心経摩訶般若波羅蜜多心経
觀自在菩薩行深般若波羅蜜多時照見五蘊皆空度一切苦厄
舍利子色不異空空不異色色即是空空即是色受想行識亦
復如是舍利子是諸法空相不生不滅不垢不淨不增不減是故
空中无色无受想行識无眼耳鼻舌身意无色聲香味觸法无眼
界乃至无意識界无无明亦无无明盡乃至无老死亦无老死盡
无苦集滅道无智亦无得以无所得故菩提薩埵依般若波羅
蜜多故心无罣礙无罣礙故无有恐怖遠離一切顛倒夢想究
竟涅槃三世諸佛依般若波羅蜜多故得阿耨多羅三藐三菩
提故知般若波羅蜜多是大神咒是大明咒是无上咒是无
等等咒能除一切苦真實不虛故說般若波羅蜜多咒即
說咒曰揭諦揭諦波羅揭諦波羅僧揭諦菩提薩婆
呵般若心経摩訶般若波羅蜜多心経

輪迴 （24 x 24 cm，一九九四年）

我將輪迴到何處？

　　岩崎解釋這幅畫，是他看見一個可愛的非洲孩子的影像產生的反應。這孩子只剩皮包骨，瀕臨餓死。這種恐怖的經歷使他無法以一貫細緻而現實的方式作畫。他並未描繪內心刺痛的無常感，轉而提供一種宇宙視角，呈現各種元素永恆地在整個宇宙中傳播，成為星辰、石頭和生物。他在《心經》中找到「不生不滅」的智慧，將視野擴展到環繞宇宙的天空、人地和精神。這種抽象的知見以中空顱骨表現，這是他慈悲的祝禱，為了因氣候災難、政治苦難和全球經濟貪婪等無法控制的條件而死亡的孩童。

寬恕的彩虹 (120 x 35 cm)

我能如何寬恕？

　　岩崎直到從病毒研究工作退休，才看到自己向來只從一己的科學觀點來看待現實，從而將現實割裂了。他覺得自己並未尊重支援研究的動物，只把牠們看成可測量的物品。他一提起這件事，便感到悲傷，他懺悔對於動物疏離冷漠，只當作研究的對象，他希望強調實相是一個整體。他思惟不二：究竟來說，沒有主體和客體；之後，解除了罪疚和慚愧的壓迫。一旦他的心沒有了束縛，便對協助過他的動物有了透徹的感謝，尤其是蠱，感謝牠們讓他看到整體的實相，寬恕有助於回到整體視野。

　　他直面實相，畫下自己在地獄裡，救度他召集而來的動物，脫離苦痛的惡趣，這時，他覺知那些實驗動物其實是更大的整體的一部分，他以彩虹的美來傳達感謝，同時禮讚自己對整體敞開了心門。岩崎的〈寬恕的彩虹〉閃耀著《心經》相依相存本質的絢爛智慧，述說寬恕是對自己的慈悲，也啟動了對他人的慈悲。

〈寬恕的彩虹〉局部

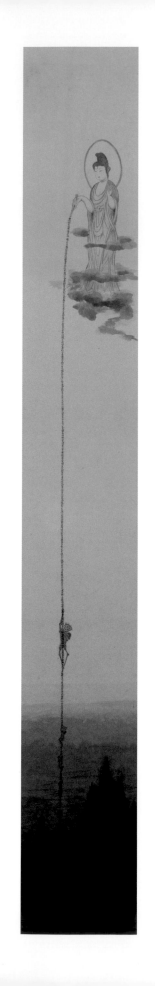

爬出地獄 _(120 x 18 cm)

我為自己打造了怎樣的地獄？

> 貪很強大。
> 瞋很強大。
> 癡很強大。
> 智慧更強大。

　　慈悲的觀音將楊枝甘露灑向地獄，以緩解眾生的痛苦。楊枝甘露是一道《心經》的智慧流，讓骷髏能沿著光耀的絲線爬上來。岩崎參照了風行的日本小說芥川龍之介的《蜘蛛之絲》❸。小說裡，許多人同時想藉一根蜘蛛絲從地獄爬上來，但因他們貪欲的重量，把蜘蛛絲弄斷了。岩崎將智慧畫成一股力量，可以將眾生從自己打造的地獄中提升上來。

　　岩崎在第二次世界大戰中服役後，深入了解人類可能淪落怎樣的苦難。的確，他努力且精確地繪製骨骼的角度，相當驚人。他擔任了自己的模特兒。七十五歲那年，他在花園裡的小樹枝上掛了繩子，把自己攀爬並掛在繩子上的影像錄製下來。他畫自己也是畫地獄的眾生，畫出骨骼的精確度，表達了對地獄眾生親密的關懷和溫柔的敬意，還喚起我們也該運用外科的精密技巧，來消除（引生痛苦的）煩惱。

　　我們不斷避免痛苦，我們保護眼睛免受陽光直射；我們排斥討厭的氣味，並且打發掉噁心的人；我們追求可消除孤獨或滿足欲望的事物。

---

❸ 即〈蜘蛛の糸〉，短篇小說，描述淪落地獄的大盜犍陀多如何因為一念私心，致使釋迦牟尼垂下的蜘蛛之絲斷落，而喪失逃出地獄的機會。

然而，這一切的努力都不見得有效。我們把無常看成常、把引起痛苦的事看成享樂、把人類大家庭的一員看成仇家，而把自己置身於各種地獄中。正如某些事物勢必由於重力而墜落，若行動是由恐懼、憤怒、嫉妒和貪婪等煩惱心推動，也勢必引起痛苦。內心的煩惱扭曲了認知，這些錯誤的認知又導致錯誤的反應。一如疼痛代表生病、需要醫治，痛苦也反映出人們沒有感知到相互依存的整體。苦難表示自己沒有生起慈悲，因為慈悲的行動正是苦難的解藥。

〈爬出地獄〉局部

諸佛依般若波羅蜜多故得阿耨多羅三藐三菩提故知般若波羅蜜多是大神咒是大明咒是無上咒是無等等咒能除一切苦真實不虛故說般若波羅蜜多咒

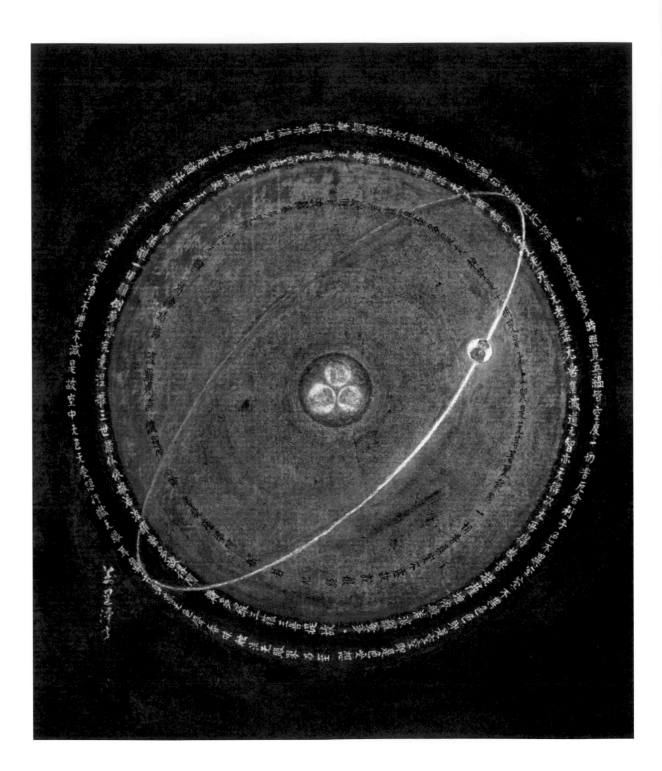

原子 (27 x 24 cm)

生命是什麼構成的？

　　氫占了宇宙間百分之七十五的原子，在地球上無處不在，供給眾生水和生命。岩崎參考量子物理學之父之一的波耳（Niels Bohr）描述原子的方式，用《心經》畫出一個氫原子。一個電子是一個佛陀，環繞著一圈圈的經典而行。借用了量子力學的概念，在原子中心的質子內部描繪了三個夸克。夸克是很微小的亞原子粒子，肉眼永遠無法看見，但從坐椅子到爬山，我們都必須依靠它們的力量來引導物質世界。岩崎用佛像呈現夸克。佛是不二智慧活動，或「色即是空，空即是色」的比喻。岩崎將夸克畫成佛，提醒我們一切色法皆是正覺的諸佛，追根究底都是諸佛。

　　以原子來彰顯《心經》的智慧還有另一種方式，就是觀察氫的同位素：超重氫。儘管它的電子仍然是佛陀，在《心經》畫成的圈環上繞行，具放射性的同位素原子核卻有不同的詮釋。原子核裡有一個質子和兩個中子，三個粒子裡各有一尊佛。超重氫原子以核融合為太陽和恆星提供能量，產生出來的宇宙射線跟地球大氣圈相互作用，微細卻有跡可循。岩崎選擇用這種原子來傳達《心經》，是敦促我們去看地球實是動態宇宙的一部分。人類已經收割並操縱了原子來為人類服務，其中之一就是製造原子彈。最先採用的是鈾，杜魯門總統於一九四五年八月六日宣告：「這是一顆原子彈，是人類駕馭宇宙基本能量的成果」。三天後，一枚鈽彈炸毀了長崎。科學家不久便超越這些大規模的毀滅性武器，開發出氫彈，核融合釋放出來的巨大威力比在日本投擲的原子彈強大五百倍以上。岩崎身為第二次世界大戰的倖存者，在處處佛陀的氫原子中，表現了《心經》廣闊的慈悲。

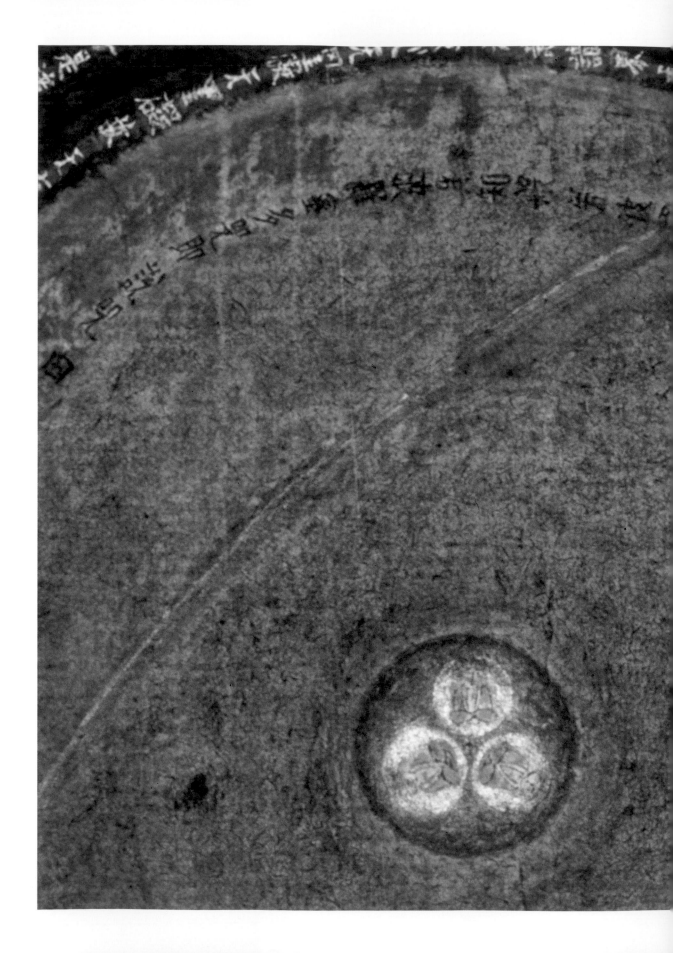

蝕 (140 x 74 cm，一九九五年七月二十五日繪)

什麼障蔽了我的視線？

　　不動明王被智慧的火焰圍繞，是大日如來的示現。岩崎描繪這慈悲的力量，在太陽風暴活動的巨大渦流中燃燒，這種渦流被稱為日珥。日珥是沿著太陽的磁力線，從太陽黑子中噴發出的帶電氫原子和氦原子。它們的溫度飆升至約六千克耳文，高度則達到數十萬公里。不動明王有一張狂怒的面容，利牙一個向上，一個向下方，犀利地瞪著地球及其衛星月球。從地球的制高點來看，月亮顯得奇大無比。若從太陽的角度觀之，月亮卻如此渺小。然而，從地球的角度來看，微不足道的月亮已經完全遮住了陽光！

　　同樣地，再輕微的二元思想也會障蔽我們明瞭宇宙中巨大的不二真實。從我們天生狹窄而僵化的角度來看，二元思想彷彿龐然巨物，主宰我們的觀點，令我們不能遠眺超越的境界。它們顯得巨大而堅實，遮蔽了不斷變化、相互依存的實相。但只要擴大視野，我們便可看到。而它們若與超越的智慧和慈悲的巨大力量對比，相形之下卻顯得渺小且虛弱，就像月亮的夜光，無法與太陽驅散黑暗的力量匹敵，無明也無法與智慧匹敵。

　　不動明王的慈悲活動好似產生太陽熱量的核融合，動力來自不二智慧掃盡煩惱的強大力量：空。「空」強而有力，遮蔽不二智慧的任何頑強障礙都會為之消弭。千真萬確地說，空不會加害任何不生障礙的事物。神射手不動明王手揮「空」的慈悲套索，有如充滿超熱電漿的太陽日珥。他展開套索，套牢了一切對宇宙相依相存活動的阻礙，因此，他

的目光此刻便盯著月球了。 ⑧

　　我們從出生開始，隨著經驗增加，障礙也會累積，於是產生了獨存的自我感，一種既折騰人又揮之不去的二元信念。每一次飢餓來襲，每一次碰撞和摔倒帶來的疼痛，都讓我們倍感孤立。每當我們流淚尖叫，想要被聽到、被理解並被愛，但哭泣卻又得不到安慰，被放逐和不值的感覺就會放大。等到孤立無依的感受不斷累積，強烈到我們覺得再也不可能被疼惜或溫柔對待，徹底絕望之際，就可能採取激烈的行動，拚命地企圖接近他人，並建立聯繫。可能會用最極端的憤怒、恐嚇、殺害或強暴等不良反應，來連結別人。上癮的行為，也是為了滿足歸屬感、感受到愛，而產生的錯誤意圖。要療癒虐待、成癮和暴力，便需要極度聚焦的力量，以消除種種錯誤觀念，如自覺不討人喜的謬思、孤立無依的妄覺和被遺棄的恐懼等。一旦消除了這些障礙，就能明瞭無人是破碎的，更不能跟整體分離。若我們能擺脫錯誤的認知，便可以燃燒愚癡，產生無比的能量，點燃慈悲的火焰，來消弭毒素、焚化苦痛。

　　岩崎的日全蝕，用生動而虛幻的圖像，以及日珥在太陽色球層的噴發，將《心經》描繪成天體的力量。它燃燒著白熾的智慧，散發慈悲，打敗無明，淨化愚癡，將瞋恚轉化為光明的智慧，並焚燒一切阻擋正覺的障礙。

⑧這幅畫中，月亮象徵正覺的障礙，滿月則是日本文化中正覺的一般象徵。把〈蝕〉和〈月光〉放在一起，加強警告了我們對正覺會有錯誤的假設，因為本經的教法是「涅槃即生死，生死即涅槃」。

〈蝕〉局部

供養

燭光 (27 x 25 cm，一九九二年)

我照亮了什麼？

簡單的燭光帶著聖言的光環，見證了我們人類祖先的智慧：他們發現了火的力量。毛髮稀薄的哺乳動物要在嚴冬中生存下去，不能沒有火。他們發現舞動的燭焰將生命力從一支燭傳遞到下一支燭，共享時更加強大。火焰接觸到的東西就會發生轉變，溫暖了寒冷，照亮了黑暗。火焰隨著生命脈動，一如心跳。

難怪獻供閃亮燭焰的光明，是表達崇敬並渴望光明的常見宗教象徵。岩崎是科學家，深知光為宇宙供應能量，而人類所認知的黑暗，只是不同程度的光。光波和光子遍布宇宙。光明永續存在，處處都有智慧。這支燭焰是《心經》煥發的智慧，消除了虛妄，令宇宙獲得正覺。

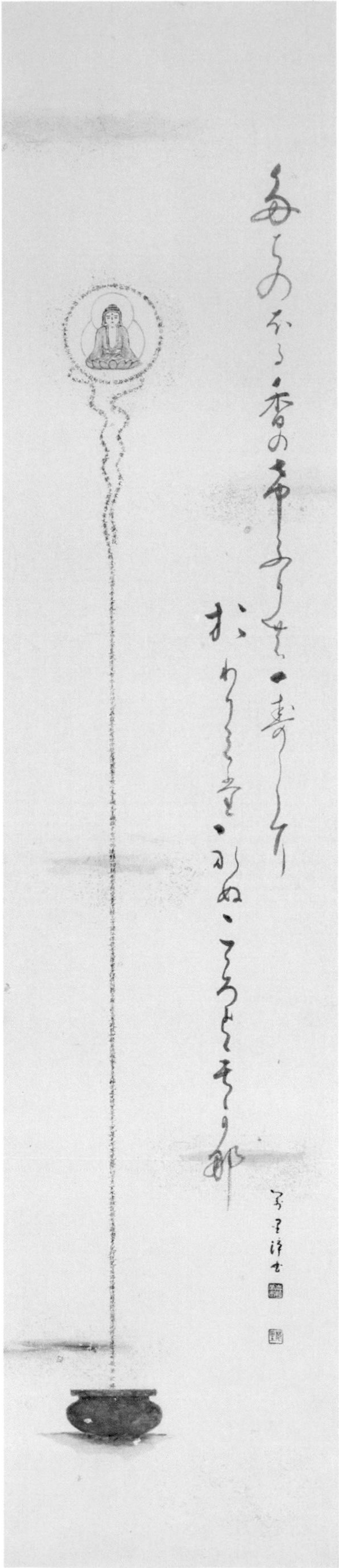

療癒的香 (94 x 16 cm，一九九三年)

如果讓恐懼消失於無形，我感覺如何？

> 香煙裊繞上升，安頓在平靜的心中。
> ──蓮如上人（一四一五至一四九九 ❹，日本淨土真宗的復興者）

　　岩崎在家中佛龕虔誠奉香，也是無數佛教徒的日常修行。人在居家的私密環境中感到安全，可攤開胸臆中的脆弱之處，並聆聽自己的內心私語。無論心中哀悼的呻吟、憤怒的慟哭、恐懼的哀號、喜悅的歌聲、舒緩的燭光，還是抒情的感謝，香氣都瀰漫在心中空隙，伴隨著療癒香氣，撫慰著內心的柔軟地帶。的確，岩崎作畫時燃著香，這是莊嚴的行為，每一筆觸都充滿了慈悲之香。

---

❹原書印為一四五五至一四九九，應為誤植。

引磬 _(39 x 37 cm)

我如何在心中迴響著慈悲之聲？

　　岩崎召喚慈悲的觀音菩薩。觀音，日文的意思是「觀看音聲」。岩崎向我們展示了迴盪在宇宙的聲波，回聲在螺旋星系中響起。聲波由圓相（ensō）示現，隨著《心經》的教法現起一圈圈漣漪 ⑨。幼佛飽含成長的音色。磬是雕金的，每聲引磬，都充滿南無阿彌陀佛的慈悲大願。

　　岩崎自母親去世後，便延續她的早課，即點燃蠟燭，供奉香火，並在誦經前敲響家中佛龕的磬聲。在家中引磬，使在家的人都沐浴在平靜的慈悲中，使家舍泛著智慧的聲響。若用心聆聽磬聲，可創造一處安全的空間，用於融解碎屑雜物、疏通連接管線，並消除遮蔽視線的雲層。聲波微妙而靈巧，隨著當下的完滿，成為一個整體，注入心中的每個裂痕和縫隙，而獲得療癒。在此，世界和平聽來並不天真，正義之聲也不顯空洞。只要我們日常都與《心經》同頻，藉著引磬的儀式，我們便能聽見宇宙間錯綜複雜的和諧。

---

⑨ ensō 意為圓，象徵正覺。

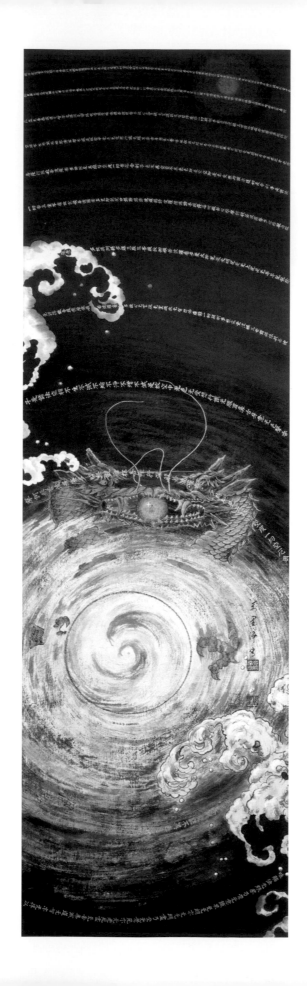

光耀的珍珠 (144 x 45 cm)

我聽得見宇宙的心跳嗎？

　　岩崎對我說，他為一位過世親戚通宵守靈時，有了這幅畫的靈感。他念誦時，一面敲擊木魚，注意到木魚把手上刻著的龍正含著珍珠，即正覺的珍寶。他很感動，因而創作了這幅聲波畫，從巨龍木魚中迴盪出來，使人們與宇宙同一節奏。他解釋：「我用雲團遮住你敲擊木魚的部分，木魚之聲從龍的小腹力量源（下腹的力量之源）迴盪出來，將佛的慈悲音聲釋放到宇宙中，迴盪著，解放生命。」⑩

　　這幅畫喚起了念誦《心經》的音聲。誦經是大多數人體驗《心經》的方式。身體跟聲波產生共鳴，體驗了經文所傳授的不二智慧：空、互即互入、無常、此時此地的豐盛。當誦經的音聲從自身發出，進入宇宙，並沒有任何色法的痕跡，佛經的音聲卻使人與萬法相連。若使念誦和心的節奏同步起來，我們便可以感受到解脫智慧的脈動穿流過身體。

　　　敲擊龍腹
　　　跟隨心的節奏，
　　　慈悲的音聲
　　　在一切色法中迴盪。

　　　解脫的珍珠
　　　向四方照射。

---

⑩岩崎常夫《般若心経を観る：細密字写経画入門》p.67。

般若波羅蜜多心經

觀自在菩薩，行深般若波羅蜜多時，照見五蘊皆空，度一切苦厄。舍利子，色不異空，空不異色，色即是空，空即是色，受想行識，亦復如是。舍利子，是諸法空相，不生不滅，不垢不淨，不增不減。是故空中無色，無受想行識，無眼耳鼻舌身意，無色聲香味觸法，無眼界，乃至無意識界，無無明，亦無無明盡，乃至無老死，亦無老死盡，無苦集滅道，無智亦無得。以無所得故，菩提薩埵，依般若波羅蜜多故，心無罣礙，無罣礙故，無有恐怖，遠離顛倒夢想，究竟涅槃。三世諸佛，依般若波羅蜜多故，得阿耨多羅三藐三菩提。故知般若波羅蜜多，是大神咒，是大明咒，是無上咒，是無等等咒，能除一切苦，真實不虛。故說般若波羅蜜多咒，即說咒曰：揭諦揭諦，波羅揭諦，波羅僧揭諦，菩提薩婆訶。

般若波羅蜜多心經

星空 (44 x 43 cm)

如果我在一刹那間看到我整個生命，將會如何？

星球的核反應照亮了夜空，我們於是知道自己在時空的何處。只要穩定直視，便知道我們處在永恆的運動中，而且在廣闊的空間中並不孤單。我們是動態宇宙不可或缺的一部分。觀看天空上旋轉的星星，也是一種神祕的時空旅行。我們此刻靜止不動，卻可看到數百萬年的過去，將此時此地的概念大大擴展了。

東寺的寶塔雄霸著岩崎故鄉（古都京都）南部的景觀。在夜空中朝寶塔望去，星星似乎以順時針方向繞行寶塔，有如也加入了歷史悠久的正覺修行。

化野念佛寺：石佛墓地 (75 x 60 cm)

死亡如何滋養生命？

> 閃閃露珠並不在乎天長地久，只願擁抱
> 化野念佛寺地面的每一片草尖。
> ——西行法師

　　十九世紀末期，一座在京都郊外山樹環繞的淨土宗寺院，當地人士收集了前幾個世紀遺棄的墓碑，排列在寺院地面上的石雕佛塔周圍。每年八月二十三日至二十四日，化野念佛寺都會為這些被遺忘的佛舉行追思會。千座「無緣佛」都有蠟燭供奉。「化」一字喚起了因消逝而引起的隱痛，讓人們意識到生與死的周期變化。岩崎說，他禮敬之後，回家畫了數百幅複雜的骨骼。當他開始熏香並念誦《心經》時，用墨水掩埋了抵達彼岸的生命。畫完每塊石頭後，他對每一尊佛充滿慈悲心，並用智慧之火點燃蠟燭，照亮所有《心經》的文字。轉瞬即逝的露珠在畫中前景的草地上閃閃發光，讓人聯想到朝露的閃爍之美。

　　出生不是苦難的開始，死亡亦不是苦難的結束。止息了苦難也不意味著你不會死。死亡不是可有可無的經歷，也不是個人失敗。生與死向我們展示了空的本質。近看，好像有生有死，但我們從無邊無際的寬廣來看，無生也無死。你若審視轉化的形態，便會發現，骨骼使土壤肥沃，生長出食物，維持動物的生存。從根本上講，死亡釋放了我們相互滋養的能力。死亡促成最深刻的連結。這樣看待，就是跟我們經常遭逢的痛苦產生親密感。確實，看到死亡之美，即看到空，乃是慈悲的源頭。

岩崎的畫作將我們帶入一種儀式，讓我們近距離全面觀察死亡。在死亡的儀軌中憑弔秋去冬來、春去夏來，蘊含著智慧。儀式引導我們穿越季節，促使我們看到短暫的美麗，並體驗空的撫慰。痛苦消失、憤怒消散、嫉妒消融，恐懼不足畏。「空」是保證我們永不孤單的因緣條件。

化野念佛寺地面的露水永不消失。
——徒然草 ❺

---

❺ 吉田兼好法師著，日本中世文學隨筆體的代表作之一，跟清少納言著作的《枕草子》和鴨長明著作的《方丈記》同被譽為日本三大隨筆之一。

下圖：化野念佛寺
右頁：〈化野念佛寺〉局部

覺醒

菩提達摩 <small>(53 x 45 cm)</small>

我修道走向何方？

　　菩提達摩公認是禪宗的初祖，據說他在五世紀便西來中國。至今人們仍然在思索這個公案：「如何是祖師西來意？」根據傳統，這位禪宗大師有著深輪廓的面容、圓鼓鼓的眼睛、濃密的眉毛、茂密的鬍鬚和長耳朵，並配戴戒指——岩崎給菩提達摩畫了光環，以《心經》的圓相來顯示他的開悟。菩提達摩在山洞中面壁而坐九年，以止息痛苦。他傳奇的努力，使他成為菩提願、正定和正念的典範。他展示了如何節制身心，使人能除去障礙和煩惱，並體驗空性。大願是關鍵。這是他正覺觀點所提供的智慧。只要你的行動中沒有慈悲心，就必然受苦。此中我們有一個選擇：你要走上痛苦之道，還是慈悲之道？

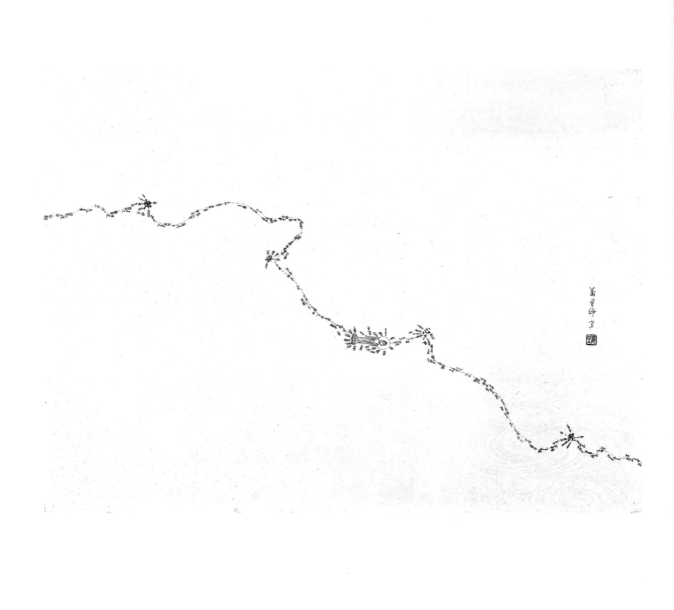

螞蟻還有佛性也無？ (50 x 37 cm)

誰支持我修道？

　　岩崎咯咯笑著對我說，他把著名的禪宗公案「狗子還有佛性也無？」搬到這幅〈螞蟻還有佛性也無？〉的畫，他還置入俏皮的雙關語：日文的「有」（ari）和「蟻」（ari）。要知道，「有」是解開謎語的關鍵，因為狗子、螞蟻，甚至諸佛，都是流動變遷的動態過程，沒有一事一物可以擁有。這幅畫中，《心經》的文字以黑墨水書寫在黃褐色的土地上，被巧妙地扭曲成螞蟻在地平線上蜿蜒之狀。岩崎並未畫出螞蟻行列的開頭或結尾，而說這條道路即是旅程。岩崎在花園裡餵螞蟻，以便他觀察牠們的行為。一小群螞蟻抬著一尊佛，其他螞蟻則載運宗教警句。這種介於人類和昆蟲之間的擬人化幽默，挑戰了人類霸權，並提升了節肢動物。

　　螞蟻是合作生活的典範。當螞蟻的數目不能相聚成群，牠們便各自行動，一旦數目超過臨界點，便表現成一個生物體，依不同功能來分工，為支援團體而合作。我們或許可將「為整個社區的利益而合作」稱為「蟻熵」❻，人類則慣於區分我們和他們，並受其擺弄，顯然是適應失調。人類因貪婪和妄想做出決定，將毒素噴入空氣、水和土壤等基本元素，威脅著我們的生存。也許人類有一天也會達到「蟻熵」，開始以一整個有機體來運作，維持整體的生存。

---

❻ entropy，通常譯為「熵」，此處作者拼寫為 antropy，把螞蟻（ant）一字鑲嵌進去。

科學有一真理：若螞蟻消失，地球的生命也將隨之終結。而佛教所持的觀點是，螞蟻和一切有情眾生將穿越多生多世的旅程而走向正覺。螞蟻遶境所表達出的宗教情操，彰顯了螞蟻的智慧，也傳遞著神聖性和無比的重要性，因為小小螞蟻雖不起眼，卻跟我們共同造就了這個世界。

〈螞蟻還有佛性也無？〉局部

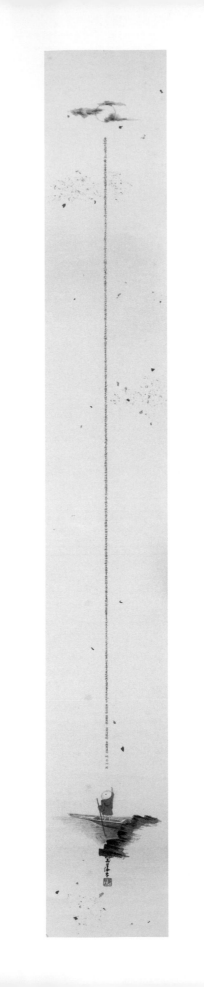

月光 (105 x 17 cm，一九八七年)

我如何局限我的實相觀？

　　作品〈月光〉引向「勿以指爲月」的告誡。通常這被詮釋爲詩意的警告：不要過於注重手「指」（文字、教義、語言或任何目標），而看不見「月」（也就是「正覺」常見的隱喻）。岩崎的「心經月光」以智慧和慈悲照耀著修行之道。月照耀手指的同時，修行人也以指指月，顯示沒有主體或客體。主、客是同一事件，所以「不二」，這是智慧。即使有人將指月的手指誤認爲月亮，月亮仍然照耀，這是慈悲。

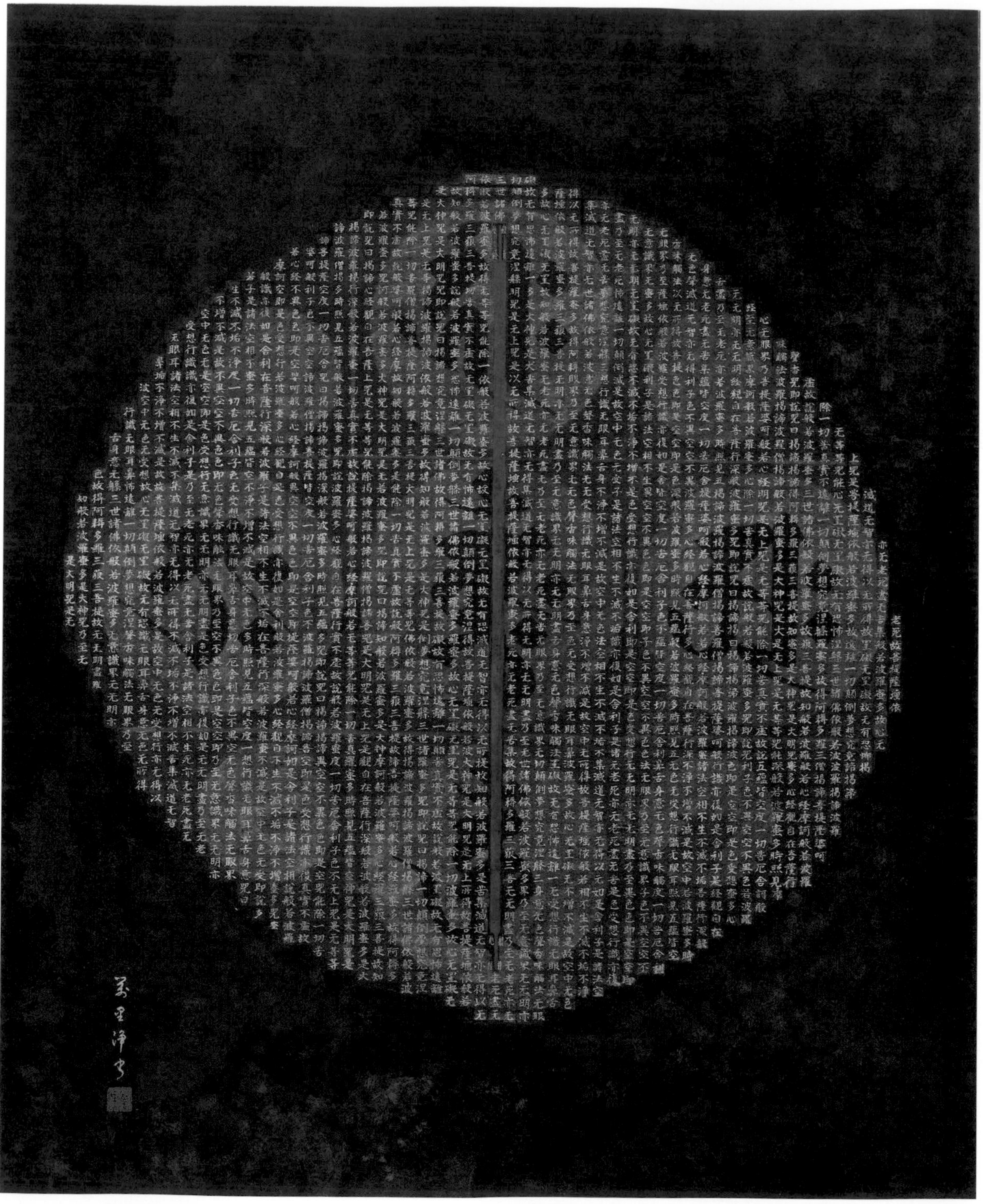

貓眼：佛鏡 (75 x 66 cm，一九九五年二月十四日)

慧眼所見何如？

　　岩崎眼中閃著亮光，告訴我，他餵食一隻迷路的貓媽媽時，看到自己的影像反映在貓眼中，很受鼓舞，於是畫了這幅〈貓眼：佛鏡〉。這時，他自己和貓的分別泯滅了，他體悟到觀者就是被觀者。究竟來說是沒有分別的——沒有「我」和「你」，沒有「我們」和「他們」。當我們如實觀察任何事物（便不受瞋心、貪心、妄心、恐懼或不安全感的扭曲）一路深入觀察，終探到自己。我們一旦觀照到生命相互依存的本質，實相的不二和慈悲的迫切性便清晰如在眼前。

　　岩崎為了說明這個智慧，用「五智如來」的梵文種子音節嵌入了眼睛的壇城，這象徵了正覺修行是將五種不善法轉為五種智慧。妄心化為智慧，實相通暢可見；貪心化為慷慨布施的智慧；自私的欲望化為慈悲的智慧；嫉妒和不安全感化為無所不能的智慧，使我們的行為能夠有效止息痛苦；瞋心化為鏡照的智慧，清晰而準確地反映萬法。

　　這種在哲學、本體論和存在論上都具有深刻意義的繪畫，是出於對飢餓而脆弱生命的溫柔關懷。這樣毫無阻礙地看到實相，便很清楚顯示：慈悲並不僅是出世聖人的抽象理想。慈悲發生在具體的行為上，在特定的地方，在當下。深入觀察這一面鏡子，你也將看到自己：一個相依相存的生命，具有轉化的智慧和滋養的慈悲——也就是，一尊佛。

生不滅不垢不淨度一切苦厄舍利子色無受想行識無眼耳鼻舌身意色色聲香味觸法無眼界

不增不減是故空空不異色色即無色聲香味觸法無眼界乃至空

空中無色無是故受想行識亦復如是色受想行識亦復如是無無明亦

受想行識亦復如是舍利子是乃至無老亦無老死盡是諸法空相不生死亦無老死盡無

無眼耳諸法空相不生不滅不垢不淨不增不減苦集滅道無

波空中無色無受想行識無眼界乃至無意識界無智

行識無眼耳鼻舌身意無色聲香味觸法無眼界乃至無意識界無無明亦

古身意無罣礙三世諸佛依般若波羅蜜多故得阿耨多羅三藐三菩提故無上明盡羅

色故得阿耨多羅三藐三菩提故無上明盡

知般若波羅蜜多是大神咒乃至無

是大明咒是無

遠離一切顛倒夢想究竟涅槃

菩提薩埵依般若波羅蜜多故心無罣礙無罣礙故無有恐怖

〈貓眼：佛鏡〉局部

摩訶般若波羅蜜多心經

觀自在菩薩行深般若波羅蜜多時照見五蘊皆空度一切苦厄舍利子色不異空空不異色色即是空空即是色受想行識亦復如是舍利子是諸法空相不生不滅不垢不淨不增不減是故空中無色無受想行識無眼耳鼻舌身意無色聲香味觸法無眼界乃至無意識界無無明亦無無明盡乃至無老死亦無老死盡無苦集滅道無智亦無得以無所得故菩提薩埵依般若波羅蜜多故心無罣礙無罣礙故無有恐怖遠離一切顛倒夢想究竟涅槃三世諸佛依般若波羅蜜多故得阿耨多羅三藐三菩提故知般若波羅蜜多是大神咒是大明咒是無上咒是無等等咒能除一切苦真實不虛故說般若波羅蜜多咒即說咒曰揭諦揭諦波羅揭諦波羅僧揭諦菩提薩婆訶般若心經

摩訶般若波羅蜜多心經

觀自在菩薩行深般若波羅蜜多時照見五蘊皆空度一切苦厄舍利子色不異空空不異色色即是空空即是色受想行識亦復如是舍利子是諸法空相不生不滅不垢不淨不增不減是故空中無色無受想行識無眼耳鼻舌身意無色聲香味觸法無眼界乃至無意識界無無明亦無無明盡乃至無老死亦無老死盡無苦集滅道無智亦無得以無所得故菩提薩埵依般若波羅蜜多故心無罣礙無罣礙故無有恐怖遠離一切顛倒夢想究竟涅槃三世諸佛依般若波羅蜜多故得阿耨多羅三藐三菩提故知般若波羅蜜多是大神咒是大明咒是無上咒是無等等咒能除一切苦真實不虛故說般若波羅蜜多咒即說咒曰揭諦揭諦波羅揭諦波羅僧揭諦菩提薩婆訶般若心經

摩訶般若波羅蜜多心經

觀自在菩薩行深般若波羅蜜多時照見五蘊皆空度一切苦厄舍利子色不異空空不異色色即是空空即是色受想行識亦復如是舍利子是諸法空相不生不滅不垢不淨不增不減是故空中無色無受想行識無眼耳鼻舌身意無色聲香味觸法無眼界乃至無意識界無無明亦無無明盡乃至無老死亦無老死盡無苦集滅道無智亦無得以無所得故菩提薩埵依般若波羅蜜多故心無罣礙無罣礙故無有恐怖遠離一切顛倒夢想究竟涅槃三世諸佛依般若波羅蜜多故得阿耨多羅三藐三菩提故知般若波羅蜜多是大神咒是大明咒是無上咒是無等等咒能除一切苦真實不虛故說般若波羅蜜多咒即說咒曰揭諦揭諦波羅揭諦波羅僧揭諦菩提薩婆訶般若心經

摩訶般若波羅蜜多心經

觀自在菩薩行深般若波羅蜜多時照見五蘊皆空度一切苦厄舍利子色不異空空不異色色即是空空即是色受想行識亦復如是舍利子是諸法空相不生不滅不垢不淨不增不減是故空中無色無受想行識無眼耳鼻舌身意無色聲香味觸法無眼界乃至無意識界無無明亦無無明盡乃至無老死亦無老死盡無苦集滅道無智亦無得以無所得故菩提薩埵依般若波羅蜜多故心無罣礙無罣礙故無有恐怖遠離一切顛倒夢想究竟涅槃三世諸佛依般若波羅蜜多故得阿耨多羅三藐三菩提故知般若波羅蜜多是大神咒是大明咒是無上咒是無等等咒能除一切苦真實不虛故說般若波羅蜜多咒即說咒曰揭諦揭諦波羅揭諦波羅僧揭諦菩提薩婆訶般若心經

智慧之劍 _(88 x 16 cm)

我如何能斬斷束縛？

有正覺聖者的分別智慧，
有優秀外科醫生的技巧和精準，
有真誠付出的母親所具的療癒性慈悲：

切斷一切瞋！
斬斷一切愛執！
割斷一切癡！
除斷不能產生慈悲與和諧的一切！
—— 不動明王《智慧的龍劍》

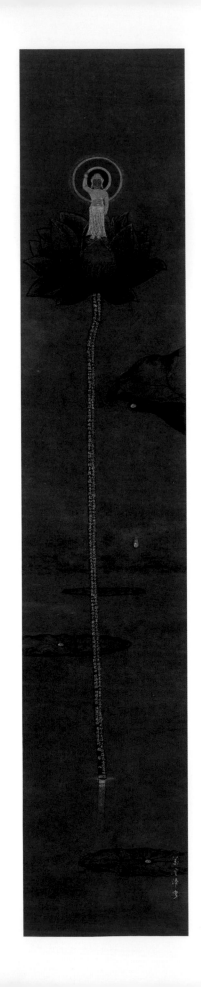

花開見佛 _(96 x 21 cm)

什麼淤泥會助我開花？

　　閃著金光的蓮莖連接著淤泥和蓮花，其中注入了《心經》的智慧，這就是一尊佛出世的因緣。正覺在淤泥中開花。淤泥愈多，佛陀就愈巨大。

　　一旦了知空的本質而生起的智慧，便可消融二元思考，包括不再認定生死和涅槃截然不同。我們一旦改變認知，就會產生轉化，因為實相不是真假、好壞、美醜的問題。實相就是如如實實。同樣地，色即是空，空即是色，生死即涅槃，涅槃即生死。

望月 (100 x 60 cm)

我要走多遠才能見到滿月？

月亮照射出
金色的光芒，
喚醒了夜晚。

求道者，你聽到
秋天的空氣傳來
嘶啞的聲音嗎？

鐘鼓聲：
月總是
滿月。

微風
正輕拂著
蒲葦嗎？

嬉戲

泡泡 _(37 x 25 cm)

無常為什麼有趣？

　　孩童玩耍時，泡泡往往帶來喜悅和驚嘆。用《心經》畫成色彩斑斕的泡泡，提醒我們珍惜稍縱即逝的美。泡泡顯然善於將自己從堅實、獨立實體的妄想中解放出來。如果你認真傾聽，會聽到泡泡破滅，輕盈地爆破了愚癡。希望我們都像泡泡一樣嬉戲！

煙花 (40 x 31 cm)

我能對每一刹那生起的美敞開心門嗎？

　　傳統的日本煙花，如細緻的蕾絲花邊，閃閃發光，散發出完全的喜悅，如調皮地眨眼，歡歡喜喜地禮讚不斷變化的色法。[11]

　　岩崎的禪宗老師松原泰道將自己的生命比作煙花，這使他在第二次世界大戰期間不畏懼死亡。[12]他意識到，去摒擋恐懼，正是苦因。只要沒有恐懼阻礙我們觀察實相，我們便可以盡情體驗無常之美。

---

[11] 岩崎常夫《般若心経を観る：細密字写経画入門》p.63。
[12] 松原泰道《般若心經入門》（東京：祥伝社，一九九三）p.61-62。

塗鴉 (41 x 32 cm)

我的訊息是什麼？

　　岩崎告訴我，他從孩子身上獲得靈感而畫出了〈塗鴉〉。為了支持兒童朝著好的方向，我們需要了解他們是怎樣的人。岩崎特別關注一個發育遲緩的孩子。有一天，這個忘了是非、好壞的孩子，卻表現出相當不錯的肌肉運動技能，第一次畫出塗鴉的抒情線條。岩崎停下來反思自己狹隘的「正常」和「好」的概念，而擴大了視野，生起智慧，他於是用《心經》經文複製了那些線條，以示敬意，他稱之為「來自佛陀的訊息」。

迴旋的空 (27 x 22 cm)

我生命的經典是什麼？

岩崎與唐代最有影響力的《般若心經疏》造疏者慧淨（五七八至六五〇年）相距十五個世紀，而且隔著大海相望。然而慧淨的話語聽起來像在描述岩崎的畫作：

> 至虛無像。而爲眾像之宗。妙理無言。抑乃群言之本。斯蓋像出於無像。言出於無言。無言言者。蓋感物而言生。無像像者。亦因心而像著。無言言故。四辨所以弘宣。無像故。丈六所以垂跡。然則此多心經者。五乘之寶運。⑬

岩崎的畫作確實見證了這部簡要經文亙久、跨文化的影響，它源於當代禪宗大師對《心經》的開示。岩崎談到這幅畫的背景和靈感：

> 很欣慰，這幅畫是在我完成數百次《心經》繪畫後，舒了一口氣時出現的。我讀過松原泰道老師的《般若心經入門》一書，該書說：「無言的經典勝過有言的經典。人們已忘記了真正的經典並沒有文字。釋迦牟尼認爲我們應該把一切世俗諦都當作經典。」⑭

---

⑬ Cited in Red Pine, *The Heart Sutra*, 39-40. See *Supplements to the Tripitaka*, vo. 41, 411-24.

⑭ 岩崎常夫《般若心経を観る：細密字写経画入門》p.33。

我恍然大悟，真正的經典乃在日常生活中。⑮

　　岩崎最抽象的畫，令人想起了釋迦牟尼並沒有留下任何著述，釋迦牟尼強調，為了止息痛苦，必須在日常生活中體驗這些教法。所有世俗諦的色、聲、香、味、觸都是無言的經典，無一例外。岩崎無言的繪畫充分呈現他對《心經》教義的表述。自從公元二世紀以來，在家人維摩詰居士的默然不語在整個佛教世界迴盪著不二智慧。岩崎用柔和的灰色、藍色和黑色漩渦表達了空的活動，凸顯文字的局限性（甚至包括討論不二智慧的經典）以及日常活動中無所不在的「經典」。

　　「空」只是一個表示能促成變化和連結、生和死、成長和衰敗、痛苦和幸福的字詞。空是葉子生長、變色、掉落、再度生長的活動。因為空，我們夏天感到炎熱，冬天感到寒冷。因為空，我們聽到早起的鳥鳴，享受花朵的氣味，並感覺到小狗皮毛的柔滑。因為空，我們面對虐待和暴力能夠採取行動，並以正義來減輕痛苦。「空」令我們覺察到什麼能造成苦難，什麼能產生愛，又賦予我們智慧來了解苦難和愛之間的差異。

⑮岩崎常夫《般若心経を観る：細密字写経画入門》p.95。

空是一個觀點，包容一切，卻不加以分別和評斷。空是我們通過顯微鏡和望遠鏡、在山洞、從山巔，以及透過Google Earth在線觀看可以看見的東西。我們一旦從空的觀點來看，很明顯我們都參與其中，不能自外。因此，做決策和選擇行動方案時，應該以空爲起始和結束。正如計算火箭發射到月球的軌道，卻不把重力考慮進去，便會偏離軌道。如果我們想去愛，卻不考慮空的動力，我們也會偏離重心，而且產生痛苦。

體驗空，就是體驗到沒有主體和客體的分隔，沒有輸贏，沒有「我們」和「他們」。在「空」中，沒有獨自站立或站穩腳跟之處。只要我們的參照點是「空」，就沒有痛苦了。我們一旦體驗到「空」，行動就會體現智慧並散發慈悲了。

無論我們是否意識到「空」，日常生活都是一道流動的經典，闡發著「空」的解脫力量。

繁盛

大爆炸：$E = MC^2$ _(500 x 180 cm，二〇〇〇年三月)

家在哪裡？

　　岩崎的巨幅傑作〈大爆炸：$E = mc^2$〉，以《心經》運作的動能和力量，描繪宇宙的生成演變。在跨度十七英尺、橫越六個卷軸上，「無常」以星系規模暗發幽光。隨著眼睛在宇宙中舞動、在星系間歌讚，這幅畫的美學節奏既宏大又細膩。黑暗在寂靜的真空中脈動，閃爍著漸強的金光，精緻細微地呈現了抄寫《心經》十三次所需的三千五百八十八字——十三，一個不可分割的質數——岩崎引領觀畫者進入了無盡的視野。

　　大約在一百三十八點二億年前，一瞬間的爆發造成了宇宙暴脹，引力波從此在時空中穿行。各個元素生出、融合和轉化，產生了星球。一些星球爆炸成為超新星，就是這幅畫中的金光。由於各種因緣條件，諸多不斷變化的星球形式出現：紅矮星、超巨星、紅巨星、白矮星、中子星、脈衝星和黑洞。引力將各種形態的星球拉牽在一起，形成了僅佔宇宙百分之五的各個星系。一片漆黑之海主要由暗能量組成（百分之六十八），意味著我們對其所知有限。

　　這幅作品定位在熟悉的宇宙區域中，即從地球的角度來觀看宇宙。我們位於一個星系的旋轉臂上，距離在中心翻騰的黑洞很遠。畫中的前景是我們的銀河系，由四千多億顆恆星和億萬個行星組成，它的跨幅用光速（每秒十八萬六千兩百八十二英里）也需要十萬年才能穿越。細小的金點和銀點表示環繞我們的星系是球狀星團，是宇宙誕生之初的活化石。我們最近的鄰居，同樣是螺旋狀的仙女座星系，位於畫作右上角，漩渦帶狀裡充滿著《心經》的能量。但是由於我們之間的距離太遠，只能看到兩億年前的仙女座。感謝哈伯太空望遠鏡拍攝的影像，發現了數

左圖：我們的宇宙誕生時的球狀星群（〈大爆炸：E＝mc²〉
　　　局部）

上圖：仙女座星系（〈大爆炸：E＝mc²〉局部）

十億個星系，岩崎於是用一個小球體代表一個
星系，每個小球體裡有《心經》的一個字。

　　正如遼闊壯偉的星座在整個星際空間中散
發出慈悲之光，岩崎用纖細的筆觸畫出無量光
佛（阿彌陀佛）瀰漫在整個宇宙。他透過恭請
這位無量光佛，召喚了宇宙中一切智慧和慈悲
心的力量。他因此宣示，我們的宇宙就是淨
土，一個被慈悲擁抱、被智慧滋養的子宮。

　　岩崎以諸多金龍來莊嚴宇宙，強化了宇宙
的神聖本性，因為金龍被譽為尋求正覺者的護
法。龍握著金剛智慧，以「空」的能量在太空
中湧動，成為一切色法的源頭。宇宙中的所有
能量都靠色法來傳遞，翻攪起含有各種元素的

上圖：深太空中的五星系
　　　（〈大爆炸：E＝mc²〉
　　　局部）

右頁：阿彌陀佛（〈大爆炸：
　　　E＝mc²〉局部）

星際碎片和塵埃，星球也因此誕生。右側的母龍正在北美洲星雲中孵
化六個星蛋。左側的龍保護著鷹狀星雲中的八個星蛋，這些蛋是「創
造之柱」，最高的柱子有四光年之高。宇宙是廣大無垠的子宮，因為
「空」，於是星球在相互依存的宇宙能量流中誕生、死亡和重生。

　　第三條龍，母體圍繞著超大質量的黑洞旋轉，該黑洞在我們因重力

左圖：北美洲星雲有
六個星蛋（〈大爆炸：
E＝mc²〉局部）

下圖：龍和「創造之
柱」北美洲鷹狀星雲
有八個星蛋（〈大爆
炸：E＝mc²〉局部）

而形成的星系中心旋轉，相當於四百萬個太陽的重量，距地球兩萬六千光年之遙（此處提示一個時間和距離的相對感：太陽落下地平線八分鐘之後，我們才看到日落）。我們黑洞過熱氣體和塵埃的吸積盤的跨度大約有九光年。它的事件視界（event horizon），也就是引力巨大到光都無法逃脫的那一點，橫越八百萬英里。在奇點（point of singularity）上，黑洞裡的物質稠密無比，絕不是空空如也。

岩崎為了賦予黑洞視覺上的活力，將八頭龍畫在中央翻騰。八頭龍

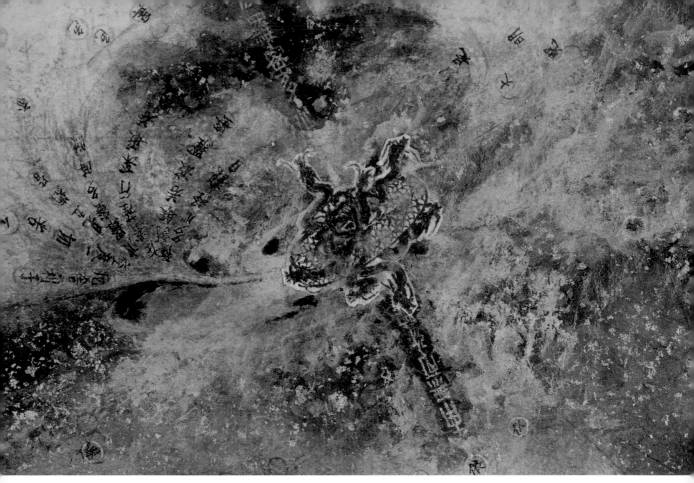

黑洞中央的八頭龍
（〈大爆炸：$E = mc^2$〉
局部）

是日本神話中的有力形象，是日本三神器 ❼ 之一，其中包括天叢雲劍。傳說劍從龍的尾巴出來，現在被放置在距岩崎居住地不遠的名古屋的厚田神社中。岩崎還用兩遍完整的《心經》鑽入密集能量的黑洞。

他將黑洞詮釋為淨化的力量，因為它的引力將星際碎片拉向自身。當物質接近黑洞時，就被席捲到吸積盤中，灼熱將碎片轉化為能量。這個隱喻暗示，黑洞能消除愚癡，清淨業障，並燒盡一切貪瞋。該物質也提供了燃料，將光線射向宇宙深處。黑洞「事件視界」之外的事物有如苦難的火焰，終將熄滅。透過這樣的表達，黑洞（獲得「空」的能量的加持）有如慈悲的大煮鍋，以無比巨大的引力來吸收痛苦。黑洞是天體形式的菩薩，將痛苦轉化為慈悲心。

一個修行人站在畫面左下角的山脈上，反思我們如何也能像黑洞一

---

❼ 天皇有三樣傳國之寶，代代相傳，這「三神器」分別是天叢雲劍、八尺瓊勾玉和八咫鏡。

樣地運作。當鐵質流過我們的血管，我們的身體跟星球爆炸的碎片一起脈動，確認了我們是宇宙活動的一部分。在空的智慧推動下，我們也有能力將痛苦轉化爲慈悲心。我們可以消融苦因，並散發慈悲之光。

　　儘管岩崎在標題中提示一切起源來自「大爆炸」，他又將其與愛因斯坦一九〇五年的狹義相對論連在一起：$E = mc^2$。如此一來，他表達出：起源即轉換，而且將 $E = mc^2$ 視爲闡釋《心經》裡「色即是空，空即是色」教法的科學語言。岩崎完成這幅畫之後，有這樣的反思：「業力繫縛一切眾生，帶來了生死輪迴。我，也一再受到生命輪迴的繫縛。大爆炸，給了我生命。爲此，我向宇宙致敬。」岩崎通過此一傑出畫作，激勵觀眾去觀看無垠的宇宙，並體驗相依相存，從而療癒了造成孤獨和絕望的愚癡。

地球上的朝聖
（〈大爆炸：
$E = mc^2$〉局部）

因為空即是色，色即是空，
所以能即是質，質即是能。
有生有死，無生無死。

因有愚癡，我們自轉的星系成了痛苦之輪
只要無懼、無無明、無執著，或無瞋
我們的星系就是解脫之輪
迴旋著智慧與慈悲。
神龍曲捲，自吞其尾。

〈大爆炸：E＝mc²〉局部

凝視著，正覺的尋求者思惟：

「我在哪裡？」

家！

花逝 <small>（大約 175 x 75 cm）</small>

我的最後一念是什麼？

　　岩崎在二〇〇二年櫻花盛開期間突然去世，之後，無論我何時去拜訪，無論哪個季節，都看到他的遺孀將一幅未完成的畫作放在和室裡。這幅畫的美，迸發在精心用《心經》文字所畫的數以千計的粉色櫻花花瓣上。二〇一四年的夏天，岩崎夫人讓我在他畫室裡獨自待了很久。她相信我可以為他的工作注入生命，她允許我瀏覽他的書和論文。失敗的實驗或未完成的作品被摺疊起來，其中我發現了一幅六卷軸、十四英尺長十英寸寬的垂枝櫻花，這幅畫是福島縣一百二十歲的三春瀧櫻（三春滝桜）。和室中顯示的面板是最完整的。他已經開始畫另外兩塊中央面板，上面鑲滿了蕾絲花邊狀的櫻花花瓣，但尚未添加《心經》。他計畫的最左側卷軸，是朝聖者——他自己和任何觀畫者。朝聖者穿越許多景觀——富士之巔、瀑布之腳、雷電風暴邊緣、銀河系外緣——終於看到了瞬息消散之美的精粹表現，計畫最右邊是十二世紀佛教詩人西行法師的詩集。我花了一些時間來解讀這高度精緻的書法作品，逐漸領略到這幅畫作的重要性。

〈花逝〉草圖
（約 175 x 75 cm）

〈花逝（二）〉局部，未完成的櫻花上有南無阿彌陀佛。

願我在春日滿月之櫻花下離去。❽

　　他知道的。後來我找到了。在一張折起來滿覆著櫻花的紙上，花瓣仍在等待將《心經》智慧編碼，粉紅色的花瓣擁抱著一行曲折蜿蜒的紅色書法：「南無阿彌陀佛（Namu Amida Butsu），讚嘆散發無量光智慧的佛。」

　　岩崎的醫生進行了檢驗，儘管按照日本的慣例，他們並未告知他癌症在身體裡肆虐，他的遺孀後來卻發現家庭醫學詞典上解釋他癌症類型的那一章節被劃了線。他仍然騎自行車出行，在最後一週住院前，他有幾個星期在家。她知道在那段時間，他依然作畫。他知道自己不會完成

---

❽ 平安末期的西行法師同樣為櫻花留下名句：願はくは 花の下にて 春死なん そのきさらぎの 望月のころ。（願在春日櫻花下離去，釋迦入滅亦在滿月之日。）他本人想在這樣的情境下離世，最終如他所願，離世之日是建久元年二月十六日。

這幅瞬息之美的大畫了。春日滿月就要來了。雙手合十，低頭禮拜，他寫下最後的祈禱文，進入〈花逝〉，回到〈一切佛之母〉的宇宙子宮中，也就是般若波羅蜜，他與他繪製了數千次的《心經》結尾的療癒之咒融爲一體：

揭諦，揭諦，波羅揭諦，波羅僧揭諦，菩提薩婆訶。
去呀！去呀！去彼岸呀！都去彼岸呀，去成就菩提大道，
覺醒！喜悦！

〈花逝（二）〉
（約175 x 75 cm）

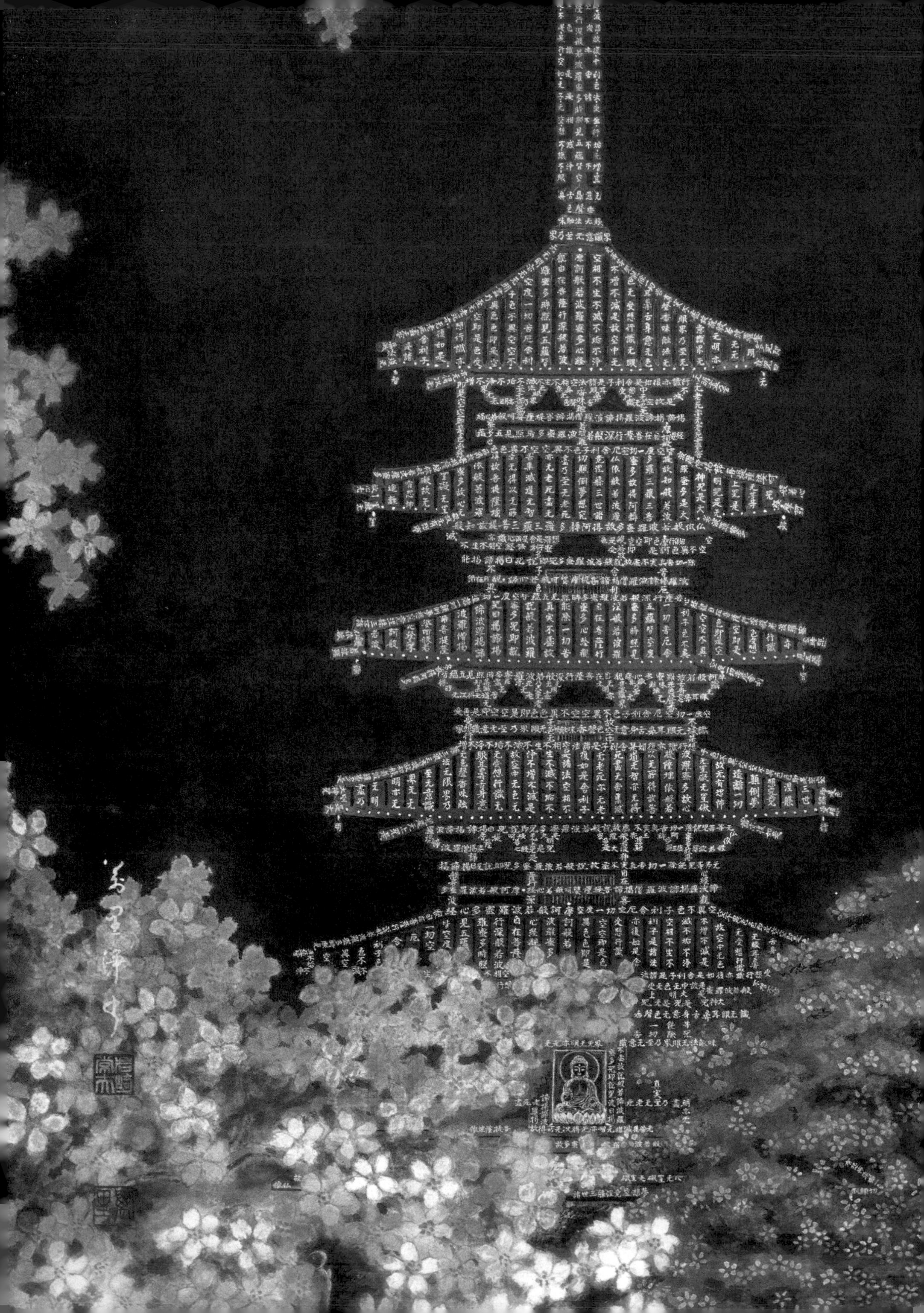

第三部

療癒的藝術，療癒的心

藝術作品如能引生並凸顯整體性，

以及我們歸屬於更廣大、包羅萬象的整體本質——

即我們身處的宇宙，

那麼，這個整體就彷彿是我們自身拓展而成的。

——約翰・杜威《藝術即經驗》

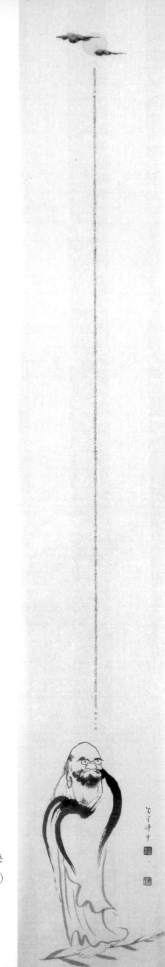

達摩
（100 x 20 cm）

視覺經典

我的訊息是什麼？

　　《心經》的古老智慧持續在每個時代的推移變遷中挺立，幫助一代一代人對治頑強的愚癡，愚癡會不斷鼓動孤立和分化，也引生心胸狹小的行為。這些長期存在的問題又因科技而惡化，我們加速製造全球的苦難，而且空前神速。技術門戶網站煽動新的不安全感，推廣新的仇恨，加速了我們的斷裂。然而電子通訊卻神奇地把我們連接起來。我們可以透過指尖，探訪世界各地的事件和人們的想法，也前所未有地能夠選擇用什麼營養來餵養我們的心智和心靈。我們是趨身向前，陷入更深的生存掙扎？還是期勉自己增益技能，在無盡的選擇之海上明智地航行？

　　岩崎的藝術作品跨越文化、語言和哲學上的分界，開拓了一條前進的道路。網絡虛擬空間毒火縱橫，灼傷毒害我們的心靈之際，他的畫作是一種安慰，讓我們體驗相依相存，而且開拓出彼此和諧相連的視界。他引導我們的目光，投向環境破壞、仇恨引發的不公不義和恐怖行動。他把觀畫者置於廣闊的宇宙中，鼓舞我們像〈蝕〉中的不動明王，可以明辨我們實相觀的局限在哪裡，並利用「空」的套索來消除障礙，就像他畫的骷髏，從地獄中沿著安全的智慧絲爬升，我們也可以從自尋煩惱的地獄中攀爬出來。我們可以注入勇氣將恐懼化為烏有，如〈療癒的香〉一般，點燃自己，散發香氣。岩崎在我們心頭灑下慈悲之雨，如〈雨落〉中提供我們淨化的療癒，助我們敏銳觀察實相。

　　岩崎的藝術作品是視覺經典。他的圖像在日常生活中觸及人群，體現了經典文字，並注入形而上的意義。人們無須閱讀經文語言，即可理解並受益於經文的轉化力量。然而，他的圖像由經典文字組成，仍是其影響力的關鍵。他將《心經》的意涵嵌入畫作，向我們展示，透過智

慧之鏡和慈悲之眼，實相可見。重點是，我們是相依相存的龐大宇宙的一分子。這樣一來，我們可以體驗到自己是相連的、重要的，而且不可或缺。他的視覺經典召喚我們的眼界超越表層，並思惟深度的實相。

　　岩崎很清楚，根門是相互依存的工具。質感、聲音、味道、香氣、影像和思想，是聯繫的管道。他思忖要如何畫出一物來培育連結感？於是用識知來實驗。他畫熟悉的圖像來吸引人們注意，卻策略性地增添空白，以新的視角展示事物，去除觀畫者的熟悉感。他留出了足夠的空白，讓觀畫者生起新鮮的心識，並把觀點擴大。岩崎不希望誤導我們的注意力，以為自己是分離的實體，因此他不會使用分隔和分離的實線，把物體與整體背景隔離起來。他運用滲透性的字體，不會犯「具體性錯置的謬誤」①，也不會使事件與實相的無常之流不同步。這樣處理物體時，色法便消融，凸顯了「色即是空」的教義。圖像的透視——無論是微觀粒子、肉眼可見的物體，還是光年之遙的宇宙現象——都聚焦於非常精確的大小：既夠近，可看見它們沒有自性，但又夠遠，可看到色法在整體中的位置——也就是與整個宇宙一同依緣而生。這些細密字吸引觀畫者靠近審視，並與空間互動，它們正輕聲耳語：「我們已識知實相。」

---

① Alfred North Whitehead, *Science and the Modern World* (Cambridge: Cambridge University Press), p.64. 為懷德海對於近代科學的反省。

月與蒲葦（100 x 29 cm）

這只是化現，而非色法本身，這很虛妄。色法的化現，是妄想，釣出恐懼、執著和瞋心。只要我們無法辨識出深層的聯繫，就播下了苦難的種子。當岩崎和我一起走過他家附近的田野，他簡短卻含蓄的評論中有這種擔憂，他感嘆：「螢火蟲不再來了。」他對這種損失的影響感到不安。螢火蟲如金絲雀，都是指標物種，一旦消失，便預示著環境出了問題。他的畫作在懇求大家認識到「實相」和「療癒」之間相互依存的本質。

我們在了解岩崎豐富的意圖之外，在歷史和跨文化背景下觀看他的藝術作品，也可發揚作品的意義。他的畫作結合了教堂和佛塔結構上生機蓬勃的視覺影像，既弘揚教義又創造莊嚴的空間。畫作的創新之處，在於使用莊嚴的文字來創作圖像。我們可追溯至九世紀禪宗大師在正覺之旅中的感知變化來詮釋。

踏上悟道之路前：
見山是山。
修學空和實相的過程中：
見山不是山。
悟道後：
見山又是山。❶

牽牛花（86 x 25 cm）

---

❶ 典出《指月錄》卷二十八。青原惟信禪師曾對門人說：「老僧三十年前未曾參禪時，見山是山，見水是水。後來參禪悟道，見山不是山，見水不是水。而今個休歇處，依然見山是山，見水是水。」

儘管我無意按照正覺爲藝術作品排名，但以上的說法有助於我們看到藝術家感知方式的差異。西方前現代逼眞寫實的圖像——肖像、靜物、風景——捕捉我們認識的現實刹那。以這種感知爲代表的藝術，對應於第一階段「見山是山，色即是色」。抽象藝術則表現了「見山不是山」的原則，這是更深度理解現實，其中，色法被解構，並引生「色即是空」。因科學挑戰了我們對實相的共同概念，我們因而重新定義實相，從發現原子不堅實，一直到迅速擴展的連續時空中偵測到數十億個星系，於是熟悉的日常似乎不再那麼眞實，也沒有那麼重要了。

　　岩崎的畫作無縫融合了數百年來主導創作的佛教傳統圖像。他乘載過去的重量，又反映當代關注的主題。岩崎尊重DNA、原子、星雲和黑洞等科學的色法，以現實和理想把新舊事物冶爲一爐。他在佛教文化中成長，並不訝異科學發現根本沒有堅實的粒子。此一發現不過證實了佛教悠久的轉化、無常、空和互即互入的教義。

　　岩崎把《心經》的教法「色即是空，空即是色」注入畫作，精確刻畫了現象——蒲葦、閃電、骷髏和漩渦星系——把科學知識融入佛教智慧。岩崎以「空即是色」，揭示了「見山是山」的正覺之見。他的畫並沒有讓我們疏離和錯位，而是呈現了我們能夠認識、卻又不同於以往認識的實相觀。岩崎在能量守恆定律中，見到了打開慈悲本質的鑰匙。色法會變化，但生命能量不失，我們都是相同能量的變化模式，無可避免地有著千絲萬縷的聯繫。岩崎精巧畫出熟悉的色法，與《心經》交織，呈現出：色法的變化是由於我們的相互依存，來說明無常和宇宙的脈絡。他的畫作面對個人的憂慮、社會的不信任和全球的不確定性，提供了整體性和慈悲之必要的知見。他展現日常所見的色法之美，以引起我們的興趣。

　　岩崎精微的細密字書藝，把觀畫者和藝術家聯繫起來。當觀眾退後並看到色法，圖像便完成了。這樣一來，岩崎繼續發展各種連結，延伸至我們廣大的宇宙。他的畫作迴盪著他親身感受的微觀圖像、昆蟲、聖像和銀河世界，將觀畫者也容納到他的親密圈內。

　　對岩崎來說，繪畫就是禪修，需要像三摩地一樣專注地畫出每一筆，以示現究竟實相的體驗。他仔細計算並精準落筆，一筆觸即一刹那，宇宙便在短暫的瞬間彰顯，翱翔於永恆。岩崎的每一筆觸都在祈禱一切眾生的痛苦能得到紓解。

維梅爾〈戴珍珠耳環的少女〉（44.5 x 39 cm）

康丁斯基〈構成第七號〉（200 x 300 cm）

解脫智慧

　　望遠鏡和顯微鏡使我們在能夠感知的範圍中，看到遠距和微小的現象。因此，我們能更深入觀察此時，更詳細看到此地。藝術也能做到。岩崎用《心經》的字體，構造各種形狀，以表達智慧融合萬法的關鍵：同樣的能量推動了一切色法——瀑布、螞蟻、DNA、眼睛、紅巨星、氫原子——琳瑯滿目，排列組合，流動變化，同出一源。岩崎的畫作與漢字的審美韻律同一脈動，因此對此時此地的覺知更上一層樓。

〈輪迴〉一畫中，表現色法的本質是形成、滅去、重組和轉化，令人動容。岩崎的畫作闡明色法是一種轉化的活動，請我們親身來體驗無常，並體會色法的空。只要我們意識到自己是相互依存的現象時，包括念頭、身體覺受和心理感受的現象，就不會生起恐懼、瞋恚和貪婪。

岩崎告訴我們如何將自己視為與宇宙相互依存，包括切斷幻想、恢復平衡、除去障礙，以及區分苦的根源和慈悲的源頭。他的作品〈智慧之劍〉，鼓勵我們掌握自心，如精巧錘鍊的劍，斬斷妄想。我們解脫繫

富士山的雪峰
(120 x 61 cm)

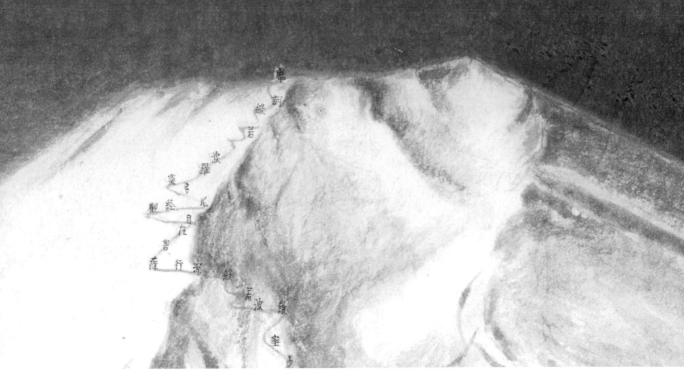

攀登《心經》者
〈富士山的雪峰〉
局部

縛之後，可以看到自己緊緊抓住籠柵，居然渾然不知我們一直身在籠外，大可以自由飛行。他勸告我們像〈雷電〉一樣，也可以在當下採取行動。只有參與眼前的動態變化，才能有效地恢復平衡。我們也可以用充滿活力的能量來覺醒，就像作品〈貓眼：佛鏡〉，一旦受貪心和瞋心扭曲的白內障消失了，我們的慧眼就看不見「我」或「你」的分別。我們可以看到自己就是慈悲的源頭，跟宇宙同一脈動。就像作品〈花開見佛〉一樣，我們也像蓮花從泥濘中盛開，從看似不利、卻能讓我們成長的逆境下，獲得必要的營養。《心經》的透鏡，告訴我們如何消除分隔，且不致妄斷地以爲有堅實的對象而產生愚癡。他的畫作著眼於當下、此時此地的豐盛，可療癒我們在相互依存整體上的裂痕和孔洞。

　　岩崎教會我們如何看待連結、相依相存和變化，並享受色法的轉化。他提供的視覺服務打通我們的內心阻礙，使我們能夠在無數因緣之流中盡情流動。一旦我們這樣看待實相，便認識到我們已經是這流動中的一分子，而且已開始從事高度和諧的活動，這就是我們宇宙間互即互入的本質。他的《心經》畫作，用細膩、不進逼的筆法，體現出互即互入。他的作品〈原子〉，讓我們感覺與氫原子有親近的連結，不禁對亞原子的粒子心生歡喜。在作品〈米粒〉中，母親的手溫柔地捧著一粒米，虔心食用，使我們體認到宇宙的廣大因緣條件滋養了我們。萬法無

量無邊，唯有智慧才能直指萬法本質。當我們感覺到互即互入，便體驗到自己是宇宙的一部分，如作品〈大爆炸：$E = mc^2$〉。只要我們體驗到無量無邊，便體驗到整體的「空」。

　　只要從空、無常、連結和美的觀點出發，分裂、常性和絕望便消失了。一旦體驗到無量無邊，便開啓了和諧的畫面。美，會滋養更大的「整體」；美，召喚我們擺脫孤立，滋養整體；美，融化孤立的妄想，甚至是「死亡會切斷連接」的妄想。如同作品〈化野念佛寺：石佛墓地〉抒發的：死亡不是終點，而是轉化，死亡是互即互入的一部分。然而，死亡發出刺耳的不和諧音，可能沒有節奏，並使我們感覺被排除在宇宙的和諧之外。但我們一直在整個宇宙不斷膨脹的洪亮波浪的懷抱中。渦流被輕輕融入波浪的運動中。就像作品〈煥發的珍珠〉，敲擊木魚的聲音與念誦者同步，達到穩定的節奏。我們只要精密微調，便可把自己的心跳調到與宇宙的心跳（也就是動感中的甜美交響樂曲）和諧一致。

　　岩崎展開長弧來塑造文明，他清澈的藝術讓我們看得更廣闊、更深刻。他的畫作中，想法和感受歷歷可見，表達了豐富的思想和情感 [2]，他引領我們進入大開眼界的景觀，爲現世問題做出創意的回應。他畫中的影像激發我們觸碰到細膩的情感，而情感常常不是詞語和文法的邏輯能捕捉到的。透過直接的感官體驗，他畫中的概念只能去感受，而不是去認知。岩崎的藝術賦予生命的無形力量——從微觀現象到宏觀現象——以微妙、深刻，又具有感召力的方式來打動人心。通過具體的細節，促使人們感受到廣泛而複雜的連結，他的畫作呈現了對世界的感

圓月（13 x 12 cm）

② Susanne Langer 和 Margaret Miles 不約而同在各自的書中發展出這樣的想法，見 Susanne Langer, *Philosophical Sketches* (Baltimore: Johns Hopkins University Press, 1962) 和 Margaret Miles, *Image as Insight: Visual Understanding in Western Christianity and Secular Culture* (Boston: Beacon Press, 1985).

知，可以改變我們對自己的感知。正如作品〈進化的壇城〉向我們展示的，一切色法都是一家人。也如作品〈大爆炸：$E = mc^2$〉所說的——四海一家，這是療癒。岩崎也請我們去體驗進化中宇宙的慈悲力量，在每個〈原子〉〈DNA〉的每一鏈，以及在所有〈泡泡〉和每滴〈露珠〉中。他的藝術作品向我們展示：我們是廣大宇宙活動的一部分——從核子內部的夸克、蓮葉上滾落池塘的露珠、地球上爬行的螞蟻、月光照耀海洋，到星系內部翻騰的黑洞，召喚我們，把我們的感知從痛苦的困局轉換為解脫的智慧。

我們這個時代的菩薩

就像作品〈佛塔的朝聖之旅〉見到藥師如來一樣，我們也抵達了，我們到家了。我們經歷了岩崎的《心經》之旅，了解到日珥、週期定律、瀑布、星雲、盛開的花朵以及震撼的療癒之心的活動。我們親身經歷了宇宙相互依存之流，並見證了它瞬息的美麗。展望無邊無涯的境界，促使我們和諧運作。我們因為連接和流動，感受到宇宙的脈動，聽見慈悲的鳴響。

慈悲激發出創意與和諧的活動，是我安排岩崎作品時所凸顯的慈

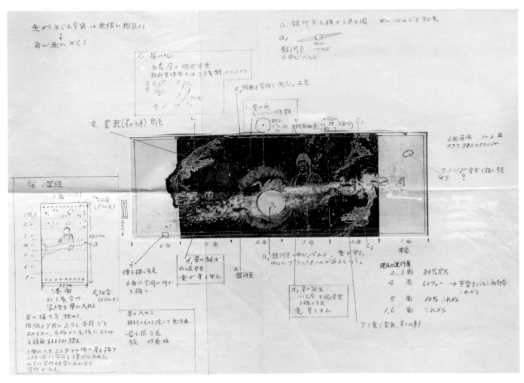

岩崎寄給作者的〈大爆炸：$E = mc^2$〉草圖，這是延續
名古屋茶店開始的對話，他花了兩年才完成這幅畫。

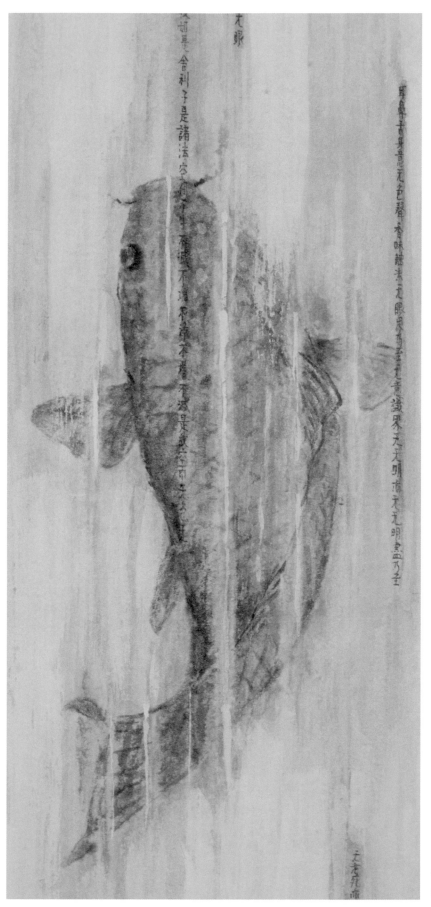

〈錦鯉逆流而上
瀑布〉局部

落楓（100 x 17 cm）

悲的八個面向。互即互入是辨明悲行為的北極星，它是苦難的支柱，而不是苦難本身。悲行並不取決於對錯的概念，這等於在相依相存的相續流動中抽取出單一現象，說它是堅固的實體。這時，評斷是沒有用的，因為評斷是停住，確切指出那堅實的存在，而悲行卻隨著無限的蓬勃活動而流動。減輕苦難需要跟遷流變化的因緣條件同頻。由於所有活動都具有影響力，沒有一個活動是孤立的，我們不可能採取行動卻不在整個宇宙池中產生漣漪。一旦受到貪、瞋、癡驅使時，行動會產生痛苦，並阻斷連結。從無量的不二智慧中湧現的悲行，形成了波動，可供療癒。我們每一個活動都會產生影響，猶如微小的〈露珠〉一樣，儘管許多波動已超出了有意識的視界。

只要擴大眼界，不抗拒無量的流動，便能孕育慈悲心。它需要像〈竹〉那樣強韌的力量，重量壓彎枝條時，它並不抗拒，僅輕巧地躬身，卻不折斷。滋養，也需要柔軟的覺知，它需要充分置身當下，並聆聽自己的整個身體，並與嗚咽和嚎哭、勝利和痛苦同頻。就像〈慈悲之母〉一樣，我們每個人都孕育在子宮中。我們用父母式的慈悲來滋養。撫育〈幼佛〉需要智慧，智慧是無與倫比的催化劑，可融化分隔和愚癡，否則內心就會封閉。若要保持開放的心，便需要寬恕。如同作品〈引磬〉，使我們與慈悲同頻，我們可以調節內心，產生同情的共鳴，使我們更加和諧。為了得到平靜，我們可用有創意的方式關注，試著把敵人看成由《心經》漢字所組成。這樣的修行是光耀的，如同作品〈燭光〉。岩崎視每幅畫都放射「在在處處，悉皆是佛」的智慧 ③。我們心懷慈悲之後，便可在當下的美麗中盡情嬉戲，感到強烈的喜悅，如作品〈煙花〉，點燃歡樂豐盛的熾火；也像作品〈迴旋的空〉一樣，一切皆呈現和諧。用懷德海（Alfred North Whitehead）

---

③岩崎常夫《般若心経を観る ：細密字写経画入門》p.13。

的話 ④ 來說，「苦難在各種和諧的和諧之中，達到止息。」置身和諧之中，就是療癒。

　　岩崎的作品是二十世紀的燈塔。⑤ 他的生活和藝術作品向我們示範如何活出《心經》。岩崎是有睿智遠見的人，他曾在戰亂的蹂躪下倖存，感受過肚皮的飢餓和神經系統之間傳送的恐懼。他了解核子戰爭的

星系（82 x 73 cm）

---

④ Alfred North Whitehead, *Adventures of Ideas* (New York: Free Press, 1967), p.296.

⑤ 引用真言宗僧人、高橋寺住持高橋智運所說。見岩崎常夫《般若心経を観る ：細密字写経画入門》p.11。

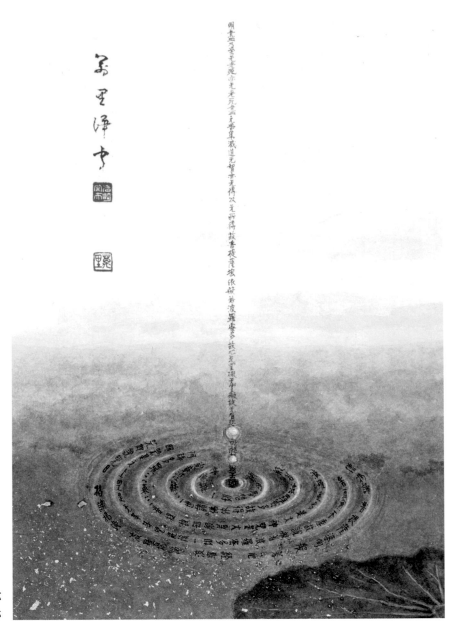

〈露珠：佛陀
的淚〉局部

恐怖。他對「整體」的看法不是單憑天真的夢想，而是經歷過人類墮落
的深淵，卻仍能攀登上愛和溫柔慈心的高度。岩崎將經文轉化為活生生
的智慧，禮讚尋常的事物和事件，視為莊嚴之美、道德之目的和究竟之
意義。他呈現萬法的相互依存、無常和空的本質，畫作中的圖像具感召
力，提供了深入的洞見。科學和佛法向來都有探究的精神，這些畫作融
合兩者，告訴我們感知的藝術如何產生療癒的洞見。他的作品慈悲為
懷，希望紓解痛苦，為我們多元文化、具科學知識、圖像導向的世間貢

獻了視覺性的智慧。他畫作的意象直指：只要科學和佛法能融入共同的責任和彼此合作的訊息中，以解鎖慈悲的密碼，兩者是深具互補性的。

這些畫作顯示，從亞原子到星際層面，萬物都相互依存，其倫理意義就是把我們的注意力導向超越自我中心、種族中心和物種中心的對錯道德觀念，達到一種相互依存感和共同命運感的倫理道德。岩崎提示我們，選擇與行動之間有深度的關聯，這樣才能產生同理的關注，並鼓勵進一步的悲行，這在視覺效果上清楚呈現了我稱爲「互即互入的美學道德」（aesthetic ethics of interbeing）。他對「整體」的看法，正在療癒我們飽受貪婪驅動的經濟、嚴峻的政治、受傷的環境及飽受戰爭摧殘的身心。岩崎的繪畫使科學與靈性、實體與無形、可測量與不可測量、日常與究竟，都融爲一體，使我們看到自己充滿了多元性、動態和相依相存──也就是看到慈悲的智慧。

〈蜉蝣〉局部

岩崎在日本半田市的畫展上解說〈大爆炸〉的局部。

　　岩崎作畫時祝禱「願作畫的功德，止息一切眾生的苦難」。他是視覺經典的作曲家，畫筆在和諧的節奏中共舞共鳴；他是智慧的傳播者，內心脈動著宇宙的心跳；他是解脫苦難之道的師長，為我們這個時代嬗遞療癒的寶藏；岩崎揮舞著光耀的毛筆和光潔的金色，是現代世界的菩薩。他畫出正覺，開啓慈悲，並懇求我們通過智慧的眼光看待宇宙，看到我們之中的療癒的圓相。

月光（41 x 32 cm）

【附錄】
路易斯安那州立大學藝術博物館展出

二〇一六年九月,

於路易斯安那州立大學藝術博物館展出的

「《心經》的療癒藝術:由藝術和科學體驗智慧與慈悲」。

Imagine yourself as a pilgrim on a path.

Let the paintings guide you on a contemplative journey.

PAINTING ENLIGHTENMENT
EXPERIENCING WISDOM AND COMPASSION THROUGH ART AND SCIENCE

IWASAKI TSUNEO

「《心經》的療癒藝術：由藝
術和科學體驗智慧與慈悲」
於路易斯安那州立大學藝術
博物館，二〇一六年九月。

不增不減是故空中无色无受想行識无眼耳鼻舌身

顛倒夢想究竟涅槃三世諸佛依般若波羅蜜多故得阿

芳里淨土

般若心経

眾生系列　JP0210

《心經》的療癒藝術：色與空的極致視覺體驗
Painting Enlightenment: Healing Visions of the Heart Sutra

作　　　者／葆拉‧荒井（Paula Arai）
譯　　　者／雷叔雲
責 任 編 輯／陳怡安
業　　　務／顏宏紋

總　編　輯／張嘉芳
出　　　版／橡樹林文化
　　　　　　城邦文化事業股份有限公司
　　　　　　104台北市民生東路二段141號5樓
　　　　　　電話：(02)2500-7696　傳眞：(02)2500-1951
發　　　行／英屬蓋曼群島商家庭傳媒股份有限公司城邦分公司
　　　　　　104台北市中山區民生東路二段141號5樓
　　　　　　客服服務專線：(02)25007718；25001991
　　　　　　24小時傳眞專線：(02)25001990；25001991
　　　　　　服務時間：週一至週五上午09:30～12:00；下午13:30～17:00
　　　　　　劃撥帳號：19863813　戶名：書虫股份有限公司
　　　　　　讀者服務信箱：service@readingclub.com.tw
香港發行所／城邦（香港）出版集團有限公司
　　　　　　香港灣仔駱克道193號東超商業中心1樓
　　　　　　電話：(852)25086231　傳眞：(852)25789337
馬新發行所／城邦（馬新）出版集團【Cité (M) Sdn.Bhd. (458372 U)】
　　　　　　41, Jalan Radin Anum, Bandar Baru Sri Petaling,
　　　　　　57000 Kuala Lumpur, Malaysia.
　　　　　　電話：(603) 90578822　傳眞：(603) 90576622
　　　　　　Email：cite@cite.com.my

內文排版／歐陽碧智
封面設計／兩棵酸梅
印　　刷／中原造像股份有限公司

初版一刷／2023年4月
ISBN／978-626-7219-27-0
定價／1000元

城邦讀書花園
www.cite.com.tw

版權所有‧翻印必究（Printed in Taiwan）
缺頁或破損請寄回更換

國家圖書館出版品預行編目（CIP）資料

《心經》的療癒藝術：色與空的極致視覺體驗／葆拉‧荒井
（Paula Arai）著；雷叔雲譯. -- 初版. -- 臺北市：橡樹林
文化，城邦文化事業股份有限公司出版：英屬蓋曼群島
商家庭傳媒股份有限公司城邦分公司發行，2023.04
　　面；　公分. --（眾生；JP0210）
譯自：Painting enlightenment : healing visions of the
Heart Sutra
ISBN 978-626-7219-27-0（精裝）

1.CST: Buddhist calligraphy-Japan.
2.CST: 佛教藝術　3.CST: 書畫　4.CST: 作品集

224.52　　　　　　　　　　　　　　　112003957